中国农村社会事业发展报告

ZHONGGUO NONGCUN
SHEHUI SHIYE FAZHAN BAOGAO

（2021）

农业农村部农村社会事业促进司

中国农业出版社

北 京

图书在版编目（CIP）数据

中国农村社会事业发展报告. 2021 / 农业农村部农村社会事业促进司编. —北京：中国农业出版社，2021.12

ISBN 978-7-109-29020-4

Ⅰ.①中⋯ Ⅱ.①农⋯ Ⅲ.①农村－社会事业－研究报告－中国－2021 Ⅳ.①C916

中国版本图书馆 CIP 数据核字（2022）第 005815 号

中国农业出版社出版

地址：北京市朝阳区麦子店街 18 号楼

邮编：100125

责任编辑：赵　刚

版式设计：王　晨　责任校对：沙凯霖

印刷：北京通州皇家印刷厂

版次：2021 年 12 月第 1 版

印次：2021 年 12 月北京第 1 次印刷

发行：新华书店北京发行所

开本：700mm×1000mm　1/16

印张：10.5

字数：130 千字

定价：78.00 元

编辑委员会名单

前 言 FOREWORD

2020 年是具有里程碑意义的一年，在以习近平同志为核心的党中央坚强领导下，我国现行标准下的农村贫困人口全部脱贫，农村社会事业取得重要进展，第一个百年奋斗目标如期实现。

为确保农村同步全面建成小康社会，一年来，各地各部门深入贯彻落实习近平总书记关于"要在推进城乡基本公共服务均等化上持续发力，注重加强普惠性、兜底性、基础性民生建设"的重要指示，按照党中央、国务院决策部署，对标全面建成小康社会，大力深化民生领域改革，推动社会事业经费向农村倾斜、社会建设公共资源向农村投放，不断提升农村教育、医疗、养老、文化体育等公共服务水平，加快补上农村水、电、路、气、房等基础设施短板，农村人居环境明显改善，广大农民群众的获得感、幸福感、安全感不断增强。

为反映农村社会事业总体情况，研判农村社会事业发展特征，探讨农村社会事业发展趋势，近年来，农业农村部农村社会事业促进司坚持开展农村社会事业发展状况年度评价研究，先后组织编著《中国农村社会事业发展报告 2019》和《中国农村社会事业发展报告 2020》。今年，农村社会事业促进司组织南京林业大学农村政策研究中心等单位在深入开展农村社会事业发展状况评价研究基础上，编著形成了《中国农村社会事业发展报告 2021》，并围绕社会关注的农村留守儿童和留守老人关爱保护、传统村落保护与开发等热点问题形成了 3 篇专题研究报告。为促进研讨交流，现将这些成果公开出版，供大家参考，不足之处，请大家指正。

目　录　CONTENTS

第一篇 中国农村社会事业发展报告（2021）

2020 年是我国脱贫攻坚战的收官之年，也是全面建成小康社会目标实现之年。各地各部门对标全面建成小康社会目标任务，积极推动农村社会事业改革发展，加快补上农村基础设施和公共服务短板，作出一系列重大部署，出台一系列政策措施，农村社会事业取得明显进展，广大农民群众获得感、幸福感明显提升。

本报告重点阐述了 2020 年度农村社会事业发展情况，主要包括制度建设、农村教育、医疗卫生、社会保障、文化体育、人居环境、基础设施等方面，分析了农村社会事业发展的主要成效，并针对面临的问题与挑战，提出了有关建议。

一、农村社会事业发展的重要举措

农村社会事业涉及范围广、涉及部门多，是一项系统工程。习近平总书记明确指出，城乡差距大最直观的是基础设施和公共服务差距大，强调要推动公共服务向农村延伸、社会事业向农村覆盖。近年来，我国农村社会事业取得了长足发展，但与广大农民群众的期待相比仍然存在不小差距。2020 年，各地各部门深入贯彻党中央决策部署，完善农村社会事业政策体系，加大农村社会事业投入力度，农村基础设施和公共服务水平不断提升，农村人居环境显著改善，农村小康社会全面建成。

（一）完善农村社会事业发展政策

"十三五"以来，党和国家出台多项政策措施促进农村社会事业发展。2016年3月，《中华人民共和国国民经济和社会发展第十三个五年规划纲要》发布。随后，《"十三五"旅游业发展规划》（国发〔2016〕70号）、《"十三五"卫生与健康规划》（国发〔2016〕77号）、《"十三五"深化医药卫生体制改革规划》（国发〔2016〕78号）、《国家教育事业发展"十三五"规划》（国发〔2017〕4号）、《"十三五"推进基本公共服务均等化规划》（国发〔2017〕9号）、《"十三五"现代综合交通运输体系发展规划》（国发〔2017〕11号）、《"十三五"国家老龄化事业发展和养老体系建设规划》（国发〔2017〕13号）等党和国家重要文件相继出台。同时，各地各部门也针对农村社会事业发展制定和出台多项政策文件，筑牢了"十三五"时期农村社会事业发展的制度基础。

2020年，在全面建成小康社会收官之年，中央和有关部门就加快发展农村社会事业进一步作出重要部署。2020年中央1号文件提出，对标全面建成小康社会加快补上农村基础设施和公共服务短板，这一部署既保持了政策的延续性，又具有一定的创新性，顺应了时代发展和百姓需求。一方面，文件提出要加大农村公共基础设施建设力度，提高农村供水保障水平，落实农村公共基础设施管护责任；文件还要求将分类推进农村厕所革命、全面推进农村生活垃圾治理、梯次推进农村生活污水治理、开展农村黑臭水体整治、开展村庄清洁和绿化行动等作为农村人居环境整治的重点内容。另一方面，文件围绕加快补上农村公共服务短板，要求从加强农村教师队伍建设、巩固义务教育普及成果、重视农村学前教育等方面提高农村教育质量，从办好县级医院、加强乡村医生队伍建设、加强基层疾病预防控制队伍建设等方面入手提升农村基层医疗卫生服务能力。此外，文件还对加强农村社会保障、改善乡村公共文化服务、治理农村生态环境突出问题等作出了明确规定。

2020年2月，国家发展改革委员会等部门印发《关于推动返乡入乡创业高质量发展的意见》（发改就业〔2020〕104号），提出要进一步完善体制机制、创新政策举措、强化服务保障，不断优化创业环境、降低创业成本、提升创业带动就业能力，推动返乡入乡创业高质量发展，为更好保障和改善民生提供有力支撑。文件提出，要通过加大政府投资、引导社会资本投入等多种方式，支持中西部和东北地区进一步完善信息、交通、寄递、物流等基础设施；要进一步健全以县、乡、村三级物流节点为支撑的物流网络体系，打通农村物流"最后一公里"；要增加优质教育、住房等供给，解决返乡入乡创业人员子女入学、居住等实际问题；要加快推进全国统一的社会保险公共服务平台建设，切实为返乡入乡创业人员妥善办理社保关系转移接续；要建立以社会保障卡为载体的"一卡通"服务管理模式，做好社会保障服务工作。

2020年3月，国家发展改革委等部门印发《关于促进消费扩容提质　加快形成强大国内市场的实施意见》（发改就业〔2020〕293号），提出要全面推进信息进村入户，构建为农综合信息服务体系，依托"互联网＋"推动公共服务向农村延伸，提升农村地区宽带用户接入速率和普及水平，降低农村信息网络使用成本，推进乡村经济多元化，支持农民工、高校毕业生、退役军人等人员返乡入乡创业。

2020年4月，国家发展改革委印发《2020年新型城镇化建设和城乡融合发展重点任务》（发改规划〔2020〕532号），从提高农业转移人口市民化质量、优化城镇化空间格局、提升城市综合承载能力、加快推进城乡融合发展等方面，提出了28项重点任务。文件明确提出，要促进城乡公共设施联动发展，推进实施城乡统筹的污水垃圾收集处理、城乡联结的冷链物流、城乡农贸市场一体化改造、城乡道路客运一体化发展、城乡公共文化设施一体化布局、市政供水供气供热向城郊村延伸、乡村旅游路产业路等城乡联动建设项目，并要求加快发展城乡教育联合体和县域医共体。

2020 年 5 月，《国务院政府工作报告》围绕社会事业发展作出了一系列安排和部署。报告提出，要优化公共卫生体系，加快公共卫生人才队伍建设，深入开展爱国卫生运动；提高城乡社区医疗服务能力，推进分级诊疗，构建和谐医患关系，严格食品药品监管；推动教育公平发展和质量提升，完善随迁子女义务教育入学政策，扩大高校面向农村和贫困地区招生规模；提高城乡居民基础养老金最低标准，落实退役军人优抚政策，完善社会救助制度，对因灾因病因残遭遇暂时困难的人员，要及时实施救助；丰富群众精神文化生活，培育和践行社会主义核心价值观，发展哲学社会科学、新闻出版、广播影视等事业，加强文物保护利用和非物质文化遗产传承，加强公共文化服务，倡导全民健身和全民阅读，使全社会充满活力、向上向善。

2020 年 9 月，国家发展改革委、自然资源部、农业农村部印发《关于村庄建设项目施行简易审批的指导意见》（发改农经〔2020〕1337 号），提出村庄建设项目施行简易审批，要坚持规划引领、统筹谋划，守好耕地和生态保护红线，合理确定村庄建设项目布局，有序推进美丽乡村建设。文件要求，具有审批权限的地方投资主管部门要会同有关部门，重点围绕生活垃圾污水、厕所粪污处理、村容村貌提升等农村人居环境建设，以及农村供排水、村内道路、文化体育等村庄建设领域，结合本地区实际制定并发布施行简易审批的村庄建设项目范围。

2020 年 11 月，中国共产党第十九届中央委员会第五次全体会议审议通过《中共中央关于制定国民经济和社会发展第十四个五年规划和二〇三五年远景目标的建议》，指出要强化就业优先政策，千方百计稳定和扩大就业，坚持经济发展就业导向，扩大就业容量，提升就业质量，促进充分就业，保障劳动者待遇和权益；建设高质量教育体系，全面贯彻党的教育方针，坚持立德树人，加强师德师风建设，培养德智体美劳全面发展的社会主义建设者和接班人；加快健全多层次社会保障体系，健全覆盖全民、统筹城乡、公平统一、可持续的社会保障体系；全面推进健康中国建设，把保障人民健康放在优先发展的战略位置，坚持预防为主的方针，深入实施健康中国行动，完善国民健康促进政策，织牢国家公共卫生防护网，为人民提供全方位全周期健康服务。

2020 年 12 月，国务院办公厅印发《关于促进养老托育服务健康发展的意见》（国办发〔2020〕52 号），提出要实施普惠养老托育专项行动，发挥中央预算内投资引领作用；优化乡村养老设施布局，整合区域内服务资源，开展社会化管理运营，不断拓展乡镇敬老院服务能力和辐射范围；完善老年人助餐服务体系，加强农村老年餐桌建设；探索在脱贫地区和城镇流动人口集聚区设置活动培训场所，依托基层力量提供集中托育、育儿指导、养护培训等服务，加强婴幼儿身心健康、社会交往、认知水平等方面早期发展干预。

（二）稳步提高农村教育发展质量

2020 年，我国继续坚持教育优先发展战略，着力补齐农村教育短板，不断深化农村教育改革。在一系列政策措施的推动下，农村教育教学质量不断提高。

1. 持续做好教育扶贫工作

2020 年中央 1 号文件指出，要持续推进农村义务教育控辍保学专项行动，巩固义务教育普及成果，增加学位供给，有效解决农民工随迁子女上学问题。重视农村学前教育，多渠道增加普惠性学前教育资源供给，加强农村特殊教育，大力提升中西部地区乡村教师国家通用语言文字能力，加强贫困地区学前儿童普通话教育。2020 年 5 月，教育部办公厅、财政部办公厅印发《关于做好 2020 年农村义务教育阶段学校教师特设岗位计划实施工作的通知》（教师厅〔2020〕2 号），提出要切实加强乡村学校教师补充，优先满足"三区三州"等深度贫困地区县，特别是 52 个脱贫攻坚挂牌督战县，以及新冠肺炎疫情严重地区县村小、教学点的教师补充需求。2020 年 6 月，教育部等十部门印发《关于进一步加强控辍保学工作 健全义务教育有保障长效机制的若干意见》（教基〔2020〕5 号），提出要突出工作重点，切实解决因学习困难、外出打工、早婚早育、信教等造成的辍学问题，确保除身体原因不具备学习条件外，贫困家庭义务教育阶段适龄儿童少年不失学辍学，确保 2020 年全国九年义务教育巩固率达到 95%，形成义务教育有保障长效机制。

2. 持续加大农村教育投入力度

教育部《2020 年全国教育经费执行情况统计快报》显示，2020 年全国教育经费总投入为 53 014 亿元，比 2019 年增长 5.65%。其中，国家财政性教育经费为 42 891 亿元，比 2019 年增长 7.10%。2020 年，全国学前教育和义务教育经费总投入分别为 4 203 亿元和 24 295 亿元，分别比 2019 年增长 2.39% 和 6.55%；全国高中阶段教育经费总投入为 8 428 亿元，比 2019 年增长 9.14%，其中，中等职业教育经费和普通高职高专教育经费总投入分别为 2 872 亿元和 2 758 亿元，分别比 2019 年增长 9.97% 和 14.73%；全国高等教育经费总投入为 13 999 亿元，比 2019 年增长 3.99%；全国其他教育经费总投入为 2 090 亿元，比 2019 年增长 0.09%。总的看，新增教育经费进一步向薄弱环节和贫困地区倾斜，持续支持地方优化义务教育资源配置，城乡、区域间教育发展差距持续减小，教育领域基本公共服务均等化水平不断提升。

促进城乡教育资源均衡发展。2020 年 3 月，教育部印发的《关于加强"三个课堂"应用的指导意见》（教科技〔2020〕3 号）提出，要统筹多方资源，全力补齐农村薄弱学校和教学点在"三个课堂"硬件设施与软件资源等方面的短板。文件还提出，要进一步

加强"专递课堂"的应用，针对农村薄弱学校和教学点缺少师资、开不出开不足开不好国家规定课程的问题，采用网上专门开课或同步上课，利用互联网按照教学进度推送适切的优质教育资源等形式，帮助其开齐开足开好国家规定课程，促进教育公平和均衡发展。

持续改善农村义务教育学生营养健康状况。2020 年，按照党中央、国务院决策部署，中央财政进一步完善政策措施，加大农村义务教育学生营养健康财政投入。国家继续实施农村义务教育学生营养改善计划，国家试点地区所需资金由中央财政承担，地方试点地区所需资金由地方财政承担，中央财政在地方落实国家基础标准后给予定额奖补。截至 2020 年底，全国共有 29 个省份 1 762 个县（其中，国家试点县 727 个，地方试点县 1 035 个）实施了营养改善计划，占全国县级行政单位的 61.80%，覆盖农村义务教育阶段学校 14.57 万所，占农村义务教育阶段学校总数的 84.12%。受益学生达 4 060.82 万人，占全国义务教育阶段学生总数的 27.08%，占农村义务教育阶段学生总数的 42.40%。

3. 加强乡村师资队伍建设

乡村教师是发展更加公平、更有质量乡村教育的基础支撑，是推进建设社会主义现代化强国、实现中华民族伟大复兴的重要力量。2020 年，各地各部门紧紧抓住乡村教师队伍建设的突出问题，促进城乡一体、加强区域协同，定向发力、精准施策，大力推进乡村教师队伍建设。

充实乡村地区教师队伍。2020 年 8 月，教育部等六部门印发《关于加强新时代乡村教师队伍建设的意见》（教师〔2020〕5 号）提出，要健全县域交流轮岗机制，深入推进县（区）域内义务教育学校教师"县管校聘"管理改革，加强城乡一体流动，重点引导城镇优秀校长和骨干教师向乡村学校流动。2020 年 11 月，教育部印发《关于做好 2021 届全国普通高校毕业生就业创业工作的通知》

（教学〔2020〕5 号），要求各地各高校会同有关部门，围绕实施乡村振兴战略、服务乡村建设行动，做好"特岗计划""三支一扶""西部计划"等基层项目组织招录工作，落实好学费补偿代偿、升学优惠等政策。2020 年，国家支持地方进一步扩大特岗教师招聘规模 5 000 人，达到 10.5 万人，优先满足"三区三州"等深度贫困地区的村小、教学点教师补充需求。

稳步提升乡村教师待遇。2020 年，国家继续完善政策举措，逐步提高乡村教师补助标准，建立健全乡村教师生活补助经费长效机制，切实保证连片特困地区全面落实乡村教师生活补助政策。2020 年 6 月，教育部办公厅印发的《关于进一步做好乡村教师生活补助政策实施工作的通知》（教师厅函〔2020〕7 号）指出，要根据乡村学校艰苦边远程度，完善乡村教师生活补助差别化政策，合理划分补助的档次及标准，实行有差别的补助政策，不断提升乡村教师待遇。2020 年，中央财政下达 94.5 亿元，落实对农村义务教育特岗教师工资性补助政策，比 2019 年增加 6.7 亿元，增长 7%。

提高乡村教师教育教学能力。教育部等六部门联合印发的《关于加强新时代乡村教师队伍建设的意见》（教师〔2020〕5 号）提出，要创新教师教育模式，培育符合新时代要求的高质量乡村教师。一是加强定向公费培养，坚持以乡村教育需求为导向，加强师范生"三字一话"教学基本功和教学技能训练，强化教育实践和乡土文化熏陶，鼓励师范院校协同县级政府，参与当地中小学教育教学实践指导，建立乡村教育实践基地，构建三方共建、共管、共享机制，确保教育质量。二是抓好乡村教师培训，积极构建省、市、县教师发展机构、教师专业发展基地学校和名校（园）长、名班主任、名教师"三名"工作室五级一体化、分工合作的乡村教师专业发展体系。三是发挥 5G、人工智能等新技术助推作用，深化师范生培养课程改革，优化人工智能应用等教育技术课程，把信息化教

学能力纳入师范生基本功培养。实施中小学教师信息技术应用能力提升工程2.0，建设教师智能研修平台，智能遴选、精准推送研修内容与资源，支持教师自主选学，为教师提供同步化、定制化、精准化的高质量培训研修服务，五年内对全国乡村教师轮训一遍。

四川省巴中市强化"五专"持续巩固教育扶贫成效[①]

近年来，四川省巴中市聚焦义务教育有保障目标，紧盯8.6万名建档立卡贫困家庭学生就学就业等现实问题，强化控辍保学、教育资助、考试招生制度改革、薄弱学校建设、职业技能培养，通过解决一人读书、帮助一人就业、带动一个家庭脱贫，从根本上阻断贫困代际传递，在教育扶贫方面取得了显著成效。

一、建立控辍保学"专账"，全面保障就学机会

巴中市通过建立县、乡镇、学校、村和家庭"五位一体"控辍保学体系，确保适龄学生应入尽入、应读尽读。实施网格化摸排，建立定期比对、定期核查、定期登记机制，重点摸排边远山区、单亲和孤残家庭、流动人口适龄儿童入学情况。实行台账化管理，针对义务教育阶段适龄儿童少年、建档立卡贫困家庭子女两类人群，建立由教师造册登记、学校汇总上报、乡镇村社协调核实、教育部门审核的县乡村校四本入学台账，依托全市教育扶贫信息云平台，实行控辍保学信息动态管理。开展针对性关爱，构建政府主导、学校主体、社会主力、家庭主责的特殊群体学生关爱工作机制，按照每生每年6000元标

---

① 专栏内容来源于中华人民共和国教育部网站，http://www.moe.gov.cn/jyb_xwfb/s6192/s222/moe_1755/202010/t20201016_495022.html，2020年10月16日。

准足额落实特教学校和随班就读残疾学生公用经费补助，建成留守儿童之家近600个。按照不低于标准的2倍落实农村义务教育残疾学生"营养餐"补贴，给予每位在校残疾学生每月100元生活补助，免除高中残疾学生学费。坚持以流入地为主、以公办学校为主，解决7 000名进城农民工随迁子女就学问题。

二、筹集教育资助"专款"，全力帮助贫困学子

巴中市积极发挥教育资助"兜底"作用，全面落实教育资助政策，确保资助"一人不少""一分不少"。健全学生资助体系，按照资助对象、资助力度、资金分配、发放时间"四个精准"要求，刚性落实从学前教育到高等教育的资助政策，优先落实贫困家庭孩子学前教育保教费减免、义务教育"三免一补"、高中教育免学费和发放助学金、高等教育奖贷助补减等。用好国家助学贷款，采取送贷到乡、送贷到校、送贷到户的办理方式和加班服务、免费服务、志愿服务的服务方式，打通助学贷款"最后一公里"。2014年以来，累计为10.8万名大学生办理生源地助学贷款8.3亿元。发动社会力量助学，畅通慈善总会、团委、妇联等部门信息交流渠道，吸引社会力量捐资助学，先后整合社会捐赠资金7 800余万元，惠及全市特困师生5万余人。

三、推进招生计划"专列"，扩大优质资源覆盖

巴中市深入推进基础教育考试招生制度改革，让更多贫困学生接受优质教育。专列普通高考专项招生计划，2014年以来，争取国家和地方两个专项计划6 045名，实际录取6 218名。每年协调近50所全国知名高校来巴免费开展高考志愿填报咨询，对申报专项计划的贫困生实行"一对一"指导。专列示范性普高专项招生计划，每年在全市省、市示范性普通高中

学校招生计划中预留一定比例，专门用于招收建档立卡贫困家庭子女，惠及1万余名贫困家庭学生。专列优质民办学校专项招生计划，动员优质民办学校对品学兼优贫困学生落实"减免奖补"政策，尽最大可能减轻贫困家庭经济负担。

四、开展职业技能"专培"，助力贫困人口致富

巴中市积极整合职业教育资源，帮助贫困人口提升技能、发展生产。开办村政学院，举办村级后备干部人才"专修班"，开发党性教育、村镇治理、村镇工作基础等"3＋N"特色课程，服务脱贫攻坚和乡村振兴人才队伍建设特别是村级后备干部培养、农村实用人才培训，助力提升基层治理能力。全市近3 600名村（社区）干部参加村政学院轮训或集中培训，482名学员进入村两委任职，培养的310名致富带头人带动9 700余人实现就地就近就业。创新培训方式，采用校企合作、产教融合、订单培养等方式，与企业共建汽修实训基地；开展特色种养殖、电商物流、旅游休闲等合作；推行工学交替，定向培育实用技术人才。成立巴山土鸡研究院，采取职业教育学校、研究院、专业合作组织、养殖农户、市场相结合方式，发展专合组织37个、养殖大户1 200户，饲养土鸡突破100万只。开展定向培养，在巴中职业技术学院开设农村医学、助产、护理专业，为农村医院免费定向培养医疗卫生人才450名。依托中职教育资源，开办农民夜校、脱贫致富带头人培训班、特色种养殖技术培训760余场，努力帮助农民致富增收。

五、实施薄弱学校"专建"，推进教育优质均衡发展

巴中市加快改善乡镇和农村薄弱学校办学条件，最大限度满足学生就近有学上、上好学的需求。建设标准化乡村学校，累计投入22亿元，改造薄弱学校405所，建成周转宿舍4 885套，按需恢复村小21所，建成"巴山新居"学校138所，乡镇

中心校以上学校通宽带率和农村教学点数字教育资源覆盖率达100％，全市187个乡镇标准中心校和贫困村校"十个一"建设全面建成达标。打造专业化师资队伍，为农村学校定向培养输送紧缺薄弱学科教师7 000余人。市级财政每年划拨教师培训专项经费200万元，60％以上用于乡村教师培训，近五年累计培训15万人次，其中乡村教师9万余人次。推进教育均衡化发展，全市120所城乡学校开展结对帮扶，108支"名师支教队"定期深入贫困村小、农村边远薄弱校送教，帮助提升教师专业水平、教学能力和综合素养。

4. 持续改善农村学校基本办学条件

2020年，我国持续改善农村义务教育基本办学条件，加快推进乡镇寄宿制学校和乡村小规模学校标准化建设，农村义务教育特别是贫困地区农村学校办学条件显著改善，学校面貌焕然一新。

改善基本教学条件。2020年中央1号文件提出，要加强乡镇寄宿制学校建设，统筹乡村小规模学校布局，改善办学条件，提高教学质量。为落实这一要求，教育部提出，农村义务教育薄弱学校改造补助资金可用于支持实施全面改善贫困地区义务教育薄弱学校基本办学条件，使贫困地区农村义务教育学校基本办学条件基本达标。义务教育薄弱环节改善与能力提升补助资金可用于按照教育信息化"三通"要求，在宽带网络接入学校的条件下，完善学校网络教学环境，为确需保留的乡村小规模学校配备优质数字教育资源，支持"互联网＋教育"试点建设。

完善配套生活设施。2020年，中央财政安排农村义务教育学校校舍安全保障长效机制补助资金194.4亿元，支持地方统筹用于消除大班额，基本补齐乡镇寄宿制学校和乡村小规模学校短板。为确保乡村学校完善配套生活设施，教育部明确要求，各地要统筹制

定寄宿制学校宿管、食堂、安保等工勤服务人员配备标准，满足学校生活服务基本需要。同时，各地要针对乡镇寄宿制学校实际需要，按照政府购买服务的有关规定，探索将属于政府职责范围且适宜通过市场方式提供的学校安保、生活服务等事项纳入政府购买服务范围，所需资金从地方财政预算中统筹安排。

5. 加快推进乡村教育信息化

加强农村教育信息化基础设施建设。 2020 年 2 月，教育部办公厅、工业和信息化部办公厅印发的《关于中小学延期开学期间"停课不停学"有关工作安排的通知》（教基厅函〔2020〕3 号）提出，为拓宽疫情期间的学习渠道，要开通专用电视频道，覆盖全国偏远农村有线电视未通达地区，供各地选择收看。2020 年 3 月，工业和信息化部办公厅印发《关于进一步做好新冠肺炎疫情防控期间宽带网络助教助学工作的通知》（工信厅通信函〔2020〕34 号）指出，各地通信管理局要组织基础电信企业持续加大宽带网络和 4G、5G 基站建设力度，不断提升学校网络带宽条件，为各级各类学校开展在线教学提供网络支撑。同时，文件提出要结合电信普遍服务试点项目，加快农村偏远地区网络覆盖，着力解决网速慢、信号弱等问题。

提高农村信息化教育水平。 2020 年 4 月，国家发展改革委、中央网信办印发的《关于推进"上云用数赋智"行动　培育新经济发展实施方案》（发改高技〔2020〕552 号）指出，要组织数字经济新业态发展政策试点，以国家数字经济创新发展试验区为载体，在教育领域推进在线教育政策试点，将符合条件的视频授课服务、网络课程、社会化教育培训产品纳入学校课程体系与学分体系，支持学校培育在线辅导等线上线下融合的学习模式。2020 年 3 月，教育部办公厅印发的《关于做好 2020 年春季学期中小学教育教学工作的通知》（教基厅函〔2020〕5 号）提出，要充分发挥线上教学对促进优质教育资源共享的重要作用，推动农村边远贫困地区学校继续用好线上教学平台开展教学，加快提高教育教学质量。

6. 加快推进农业农村人才培养

农业农村现代化关键在科技、在人才。随着乡村振兴战略的实施，农村对应用型、技术型技能人才的需求急剧上升。2020 年，国家进一步加大农村人才培育投入、完善农村职业教育政策，深入开展新农科研究与改革实践，为深入实施乡村振兴战略提供了人才支撑。

持续加大农村人才培育力度。2020 年，中央财政拨付现代职业教育质量提升投入资金 257.11 亿元，比 2019 年增加 19.9 亿元，增长 8.4%。2020 年 4 月，农业农村部办公厅印发《2020 年农业农村科教环能工作要点》（农办科〔2020〕4 号），提出要促进高素质农民学历提升，统筹涉农高校、中高等农业职业院校等教育资源，大力推进百万高素质农民学历提升行动计划。以基层组织带头人、乡村产业带头人及青年农民为重点，量身定制培养方案，实施定向培养计划，全面提升农业农村人才培养质量。

完善农村职业教育政策。2020 年 2 月，国务院办公厅印发的《关于推广第三批支持创新相关改革举措》（国办发〔2020〕3 号）提出，要加强资源整合，建立就业、职业、产业、行业和企业协同联动的新机制，实现职业教育办学结构和效能优化。2020 年 9 月，教育部等九部门联合印发《职业教育提质培优行动计划（2020—2023 年）》（教职成〔2020〕7 号），提出要构建职业教育"三全育人"新格局、创新职业学校思想政治教育模式、推进职业教育协调发展。文件还提出，要通过健全服务全民终身学习的职业教育制度、推动学历教育与职业培训并举并重、强化职业学校的继续教育功能等手段完善服务全民终身学习的制度体系。加大对农业农村人才急需领域的职业教育供给，发挥好"国家级农村职业教育和成人教育示范县"等在服务乡村振兴战略中的重要作用。

深入开展新农科研究与改革实践。2020 年 9 月，教育部办公厅印发的《关于公布新农科研究与改革实践项目的通知》（教高厅函〔2020〕20 号）提出，要把新农科建设作为深化改革的发力点

和突破口，革新理念、狠抓落实、强化保障，确保项目落地见效。一是要坚持面向新农业、面向新乡村、面向新农民、面向新生态建设发展新农科，把"以本为本""四个回归"落实到新农科建设中，立足学校发展定位、特色优势和实际情况，结合服务国家重大战略、地方经济社会和行业产业发展的需求，改造提升现有涉农专业，布局新建新兴涉农专业，调整优化专业结构，探索建立新农科建设的新范式、新标准、新技术、新方法，推动高等农林教育创新发展。二是要坚持扎根中国大地掀起高等农林教育的质量革命，推进科教融合、产教融合和农科教结合，加强政策支持和条件保障，有步骤、有计划地推进项目实施，开创农林教育新格局。三是要注重项目成果产出，发挥新农科建设工作组、农林专业类教指委的作用，组织项目开展交流研讨、成果展示，及时把研究与改革实践成果转化为推动高校新农科建设的政策办法。

7. 积极落实创业就业保障政策

加大政策保障力度。 2020 年 1 月，国家发展改革委等部门印发《关于推动返乡入乡创业高质量发展的意见》（发改就业〔2020〕104 号）指出，要加大财税政策支持，降低返乡入乡创业生产经营成本，健全用地支持政策，保障返乡入乡创业生产经营空间。2020年 6 月，农业农村部等部门印发《关于深入实施农村创新创业带头人培育行动的意见》（农产发〔2020〕3 号）提出，要鼓励和支持农民工等返乡下乡人员创业创新，并从重点领域、发展方向、政策支持等多方面做出具体安排。2020 年 11 月，国家发展改革委、中央农办等部门印发《关于在农业农村基础设施建设领域积极推广以工代赈方式的意见》（发改振兴〔2020〕1675 号），要求各地要深刻把握以工代赈性质特征，结合农业农村基础设施建设需求，选择一批投资规模小、技术门槛低、前期工作简单、务工技能要求不高的农业农村基础设施项目，积极推广以工代赈方式促进农民就业。2020 年 12 月，人力资源社会保障部、财政部和农业农村部印发

《关于进一步推动返乡入乡创业工作的意见》（人社部发〔2019〕129号），提出要支持农民工、高校毕业生和退役军人等人员返乡入乡创业，积极落实就业优先政策等。

提升职业技能培训。 2020年4月，教育部办公厅印发《关于进一步组织动员民办教育机构积极参与教育脱贫攻坚战的通知》（教发厅函〔2020〕19号）提出，要发挥民办教育机构的组织动员能力，组织行业专家力量，面向建档立卡贫困人口实施培训，着力提升基本文化素质和技术技能水平。围绕带动贫困户增收作用明显的种养殖业、林草业、农产品加工业、特色手工业、休闲农业和乡村旅游，开展相关职业技能培训，重点做好未升学初高中毕业生、职业农民、农村干部、致富带头人、产业经营户等的岗前培训、订单培训和岗位技能提升培训。《关于在农业农村基础设施建设领域积极推广以工代赈方式的意见》提出，各地要统筹各类培训资源，结合农村劳动力就业意愿和农业农村基础设施建设用工需求，有针对性地开展技能培训，解决好农村劳动力因技能不足而难以参与工程建设的问题；委托项目实施单位采取"培训＋上岗"等方式，有针对性地开展实训和以工代训，帮助参与务工的群众掌握实际操作技能；支持项目受益主体根据项目建成后用工需求，对参与工程建设的农村劳动力开展短期技能培训，并优先吸纳就业，延伸扩大就业容量。

 专栏二

技工教育助力脱贫攻坚显实效[①]

技工教育是帮助贫困家庭子女和贫困劳动力掌握技能，实

---

① 专栏内容来源于中华人民共和国中央人民政府网站，http://www.gov.cn/xin-wen/2020－11/17/content_5561986.htm，2020年11月17日。

现稳定就业、全家脱贫的有效途径。近年来，人力资源社会保障部全面贯彻落实中央关于脱贫攻坚重要战略部署，学习贯彻习近平总书记关于扶贫工作的重要讲话精神，以技工教育为抓手，充分发挥技工院校技能人才培养主阵地作用，凝神聚力、全力攻坚，技能扶贫取得积极成效。

一、开辟绿色通道，引领贫困学生走技能脱贫之路

2016年和2019年，人力资源社会保障部会同国务院扶贫办两次印发文件，在全国组织千所省级重点以上的技工院校开展技能脱贫千校行动，使每个有就读技工院校意愿的建档立卡贫困家庭应、往届"两后生"都能免费接受技工教育，每个有劳动能力且有参加职业培训意愿的建档立卡贫困家庭劳动者每年都能够到技工院校接受至少1次免费职业培训。各技工院校积极招收建档立卡贫困家庭学生和贫困劳动力，开辟绿色通道，做到"六个优先"：优先招生、优先选择专业、优先安排在校企合作程度较深的订单定向培养班或企业冠名班、优先落实助学政策、优先安排实习、优先推荐就业。

为了让更多贫困户了解相关政策，各技工院校加大工作力度，做到精准招生。邢台技师学院会同各县扶贫办跟进到村、到户、到人，做到贫困县、乡、村招生宣传全覆盖，保证每个贫困家庭的孩子都有学上，大大提升了技能扶贫的人员辐射范围。吉林省工业技师学院组成"技能扶贫"工作组深入国家级贫困县——吉林省松原市长岭县，用一个月的时间，走遍了长岭县22个乡镇，近200个村庄，摸清"两后生"的就读意愿和底数。2016年以来，学院不断拓宽扶贫领域，与多地人社部门携手，招收近400名贫困家庭的孩子走进学院免费接受技工教育，帮助当地实现"两后生"清零。

据统计数据显示，技工院校在校生中，85%的学生来自农

村家庭和城市经济困难家庭；2016 年以来，全国技工院校累计招收建档立卡贫困家庭子女 34 万人，面向建档立卡贫困家庭劳动者开展职业技能培训 76 万人次。绝大多数技工院校承担着贫困家庭子女和贫困劳动力的教育任务，在精准扶贫、推动脱贫攻坚工作中发挥着重要作用，成为名副其实的技能扶贫"主战场"。

二、落实资助政策，保障贫困学生顺利完成学业

"我在这里学技能，享受'三免一补'的好政策，每个月还有学院给的生活补助。我一定要好好学习，学成后找份工作，帮助家里早日脱贫。"新疆和田技师学院护理工专业学生卜阿依仙姆·伊敏托合提说。在和田技师学院，像她这样的建档立卡贫困家庭学生占全院学生的近一半。

为帮助农村学生和家庭经济困难学生顺利接受技工教育，各地人力资源社会保障部门和技工院校严格落实国家中等职业教育资助政策，为家庭贫困学生按规定落实免学费、申请助学金。国家资助政策实施 10 余年来，帮助千万名技工院校学生顺利完成了学业。仅 2019—2020 年，就共为 249 万名学生申报国家免学费，为 52 万名学生发放国家助学金。

为进一步加大对贫困家庭学生、建档立卡贫困家庭子女的帮扶力度，2016 年，人力资源社会保障部会同国务院扶贫办印发《关于开展技能脱贫千校行动的通知》，为就读技工院校的贫困劳动力和贫困家庭子女按规定落实国家免学费和助学金、培训费、鉴定费政策，提供学生学杂费、书本费、交通费、生活费等补贴，对贫困家庭子女按标准落实 3 000 元"雨露计划"补助。自 2014 年起，人力资源社会保障部每年开展劳动出版"技能雏鹰"奖学金评选工作，并适度向贫困地区倾斜。2019 年增设"技能雏鹰"助学金，每年资助技工院校家庭困难学生100人，每人资助3 000元。在各项资助政策的基础上，各技工院校倾尽全力，在衣食住行等方面全方位帮扶学生，解决贫困家庭学生的后顾之忧。

三、加强校企合作，助力贫困学生高质量就业

技工教育为贫困家庭子女和贫困劳动力学习技能打开了一扇门，不仅保障学生读得起、学得好，还帮助学生稳就业、能脱贫。加强校企合作，为技工院校培养对象顺利就业创造了条件。各技工院校积极与企业开展校企合作，开展订单培养、定向培养，采取有效措施帮助贫困家庭学生就业创业，在安排实习、推荐就业时，优先安排建档立卡贫困家庭学生和贫困劳动力，让学生在掌握实践技能的同时，切实解决家庭贫困的难题。近年来，技工院校毕业生就业率保持在97%以上，其中贫困家庭学生就业率更高，且大都能实现高质量就业。

广东省中山市技师学院从2017年起，每年面向云南昭通市定向招收建档立卡户学生，其中烹饪专业与中山市海港城海鲜大酒楼有限公司等多家企业开展校企合作交流，安排云南烹饪班的学生进企学习技能。近年来，经过实习和就业推荐，选择在酒楼工作的学生将近100人，月工资近4 000元。浙江省长兴技师学院对口帮扶云南德宏州瑞丽市、梁河县，每年招录建档立卡贫困家庭学生来学院学习，毕业后安排到企业就业，其中焊接专业的学生每月除了全勤和奖金以外，拿到手的平均工资近7 000元，不仅解决了就业问题，也保障了这个家庭长久稳定的收入来源，真正实现了贫困户脱贫。

（三）扎实推进健康乡村建设

农村医疗卫生是健康乡村建设的工作重点。2020年，全国暴

发新冠肺炎疫情，国家更加重视农村医疗卫生事业发展，持续加大农村基层卫生投入，巩固完善医疗卫生服务体系，乡村基层卫生服务能力大幅提升。

1. 持续做好健康扶贫工作

《医疗保障扶贫三年行动实施方案（2018—2020年）》（医保发〔2018〕18号）提出，要重点聚焦"三区三州"等深度贫困地区和因病致贫返贫等特殊贫困人口，充分发挥基本医保、大病保险、医疗救助各项制度作用，切实提高农村贫困人口医疗保障受益水平。2020年，各地各部门持续开展健康扶贫工作，以推进县级医院能力建设、"县乡一体、乡村一体"机制建设和乡村医疗卫生机构标准化建设为主攻方向，不断提升贫困地区县域医疗卫生服务能力，加快补齐贫困地区公共卫生服务短板。按照"大病集中救治、慢病签约服务管理、重病兜底保障"的原则，全面实现对贫困人口的应保尽保、应签尽签、应治尽治，初步建立起"及时发现、精准救治、有效保障、跟踪预警"防止因病致贫返贫工作机制。

2. 强化资金投入和政策支持

2020年中央1号文件提出，要办好县级医院，推进标准化乡镇卫生院建设，改造提升村卫生室，消除医疗服务空白点。稳步推进紧密型县城医疗卫生共同体建设，加强乡村医生队伍建设，适当简化本科及以上学历医学毕业生或经住院医师规范化培训合格的全科医生招聘程序。应聘到中西部地区和艰苦边远乡村工作的应届高校医学毕业生，按规定享受学费补偿或国家助学贷款代偿政策。允许各地盘活用好基层卫生机构现有编制资源，乡镇卫生院可优先聘用符合条件的村医。加强基层疾病预防控制队伍建设，做好重大疾病和传染病防控。将农村适龄妇女宫颈癌和乳腺癌检查纳入基本公共卫生服务范围。2020年6月，国家卫生健康委等部门印发《关于做好2020年基本公共卫生服务项目工作的通知》（国卫基层发〔2020〕9号），将2020年人均基本公共卫生服务经费补助标准提高到 74 元，新增 5 元经费全部落实到乡村和城市社区，统筹用于社区卫生服务中心（站）、乡镇卫生院和村卫生室等基层医疗卫生机构开展新冠肺炎疫情防控的人员经费、公用经费等支出，加强基层疫情防控经费保障，提高疫情防控能力，强化基层卫生防疫。

3. 改善农村医疗卫生保障条件

推进健康乡村建设，需要持续不断改善农村医疗卫生保障条件。2020 年《政府工作报告》提出，居民医保人均财政补助标准增加 30 元，开展门诊费用跨省直接结算试点，对受疫情影响的医疗机构给予扶持，深化公立医院综合改革，发展"互联网＋医疗健康"等。2020 年 6 月，国家医疗保障局会同财政部、国家税务总局印发《关于做好 2020 年城乡居民基本医疗保障工作的通知》（医保发〔2020〕24 号）提出，要从提高财政补助标准、提高个人缴费标准、完善居民医保个人缴费与政府补助相结合的机制等方面提高城乡居民基本医疗保险筹资标准；从落实居民医保待遇保障政策、巩固大病保险保障水平、发挥医疗救助托底保障作用等方面健全待遇保障机制；从确保完成医保脱贫攻坚任务、巩固医保脱贫攻坚成效、研究医保脱贫攻坚接续工作等方面全力打赢医疗保障脱贫攻坚战。此外，文件还提出要完善医保支付管理、加强基金监督管理和经办管理服务等内容。

4. 加强乡村医疗卫生人才队伍建设

"十三五"时期，国家采取多种有力措施加强基层医疗卫生人才队伍建设。一是健全多层次医学教育体系，建立全国统一住院医师规范化培训制度，制定城乡卫生机构对口支援、鼓励毕业生基层就业、城市医师晋升前下基层服务、万名医师支援农村卫生工程等一系列措施，引导人才合理流动。二是建立医师区域注册制度，通过推进注册医师多点执业，让医疗卫生人才为基层服务。截至 2020 年底，全国超过 26 万名医师多机构执业，有效缓解了基层医疗机构和社会办医人才短缺的问题。三是通过加强全科医生队伍建设为基层培养人才。推进全科医生培养与使用激励机制协同改革，组织研究制定全科医生转岗培训大纲，制定优惠政策，支持培训对象参与全科医生转岗培训。截至 2020 年底，全科医生已转岗培训超过 18 万人，每万人全科医师达到 2.61 人。四是通过培训专项提升基层人才的能力。从 2018 年开始，实施县乡村卫生人才能力提升培训项目，对乡镇卫生院和社区卫生服务中心医师、护士、管理人员、乡村医生等开展实用技能培训。截至 2020 年底，中央财政累计投入超过 10.4 亿元，培训基层卫生人员超过 50 万人。

5. 着力解决贫困人口基本医疗保障问题

医疗保障扶贫是打赢脱贫攻坚战的重要举措之一。2020 年 4 月，国家医保局等部门印发《关于高质量打赢医疗保障脱贫攻坚战的通知》（医保办发〔2020〕19 号）提出，要全力确保农村贫困人口应保尽保，各级医保、税务部门要分工协作，做好新增贫困人口动态缴费工作。稳定巩固三重制度综合保障，落实落细各项医疗保障政策，保持医疗保障脱贫攻坚政策总体稳定，巩固基本医保、大病保险、医疗救助综合保障待遇水平。坚决攻克深度贫困地区堡垒，聚焦"三区三州"等深度贫困地区，瞄准建档立卡贫困人口，全面落实医保脱贫攻坚政策，用好中央财政提高深度贫困地区农村贫困人口医疗保障水平补助资金。做好与实施乡村振兴战略的接续衔接，严格落实"四不摘"要求，过渡期内，保持医保扶贫政策相对稳定，结合健全重特大疾病医疗保险和救助制度，统筹研究与乡村振兴战略相衔接、解决相对贫困的医保扶贫长效机制。

2020 年 6 月，国家医保局、财政部、国家税务总局印发的《关于做好 2020 年城乡居民基本医疗保障工作的通知》（医保发〔2020〕24 号）提出，要聚焦建档立卡贫困人口，会同相关部门做好贫困人口基本医疗有保障工作，落实新增贫困人口及时参保政策，抓实参保缴费、健全台账管理、同步基础信息，做好省（自治区）内异地参保核查，实行贫困人口参保、缴费、权益记录全流程跟踪管理，确保贫困人口动态应保尽保。同时，文件还要求，要巩固医保脱贫攻坚成效，全面落实和落细医保脱贫攻坚政策，持续发挥医保三重制度综合保障、梯次减负功能。在应对返贫方面，文件提出要协同做好脱贫不稳定户、边缘户及因疫情等原因致贫返贫户监测，落实新冠肺炎救治费用医保报销和财政补助政策。

威海文登：推动优质医疗资源下乡
让村民家门口看病就医①

医疗卫生服务事关人民群众身体健康和切身利益，是民生之所需也是民生之所急。特别在医疗条件相对薄弱的农村地区，如何让农民群众享受到更加优质、高效、便捷的医疗服务，吃上方便药、放心药，是亟待解决的重大民生问题。为此，山东省威海市文登区立足县域实际和群众需求，推动优质医疗资源向基层下沉，让专家坐诊带教、医生下乡入户、药品直送家门，农民群众"近不出村、远不出镇"，在家门口就能看好病、吃好药。

一、组建医联体，上下联动"零距离"

与先进医院合作开展远程会诊。为了让农村群众在"家门口"就能看"专家号"，组织区内5所区直医院、16处镇卫生院，与中国人民解放军总医院、北京中日友好医院、北京安贞医院等国内知名大型医院组建多种形式的医联体，依托其优质

---

① 专栏内容为农业农村部农村社会事业促进司、国家发展改革委社会发展司联合推介的首批18个全国农村公共服务典型案例之一。

的医学资源、专家资源、技术资源和科研成果，通过专科联盟、远程会诊等形式，把先进的医疗技术送到农村群众身边。

建立远程放射心电诊断系统。为了提高镇村医疗机构心电诊断能力，组织区人民医院与北京远程心界医院管理有限公司合作，建立了远程心电会诊系统，通过互联网，上联国内顶尖的心血管专业机构——中国医学科学院阜外医院，下接镇卫生院、村卫生室，构建了一条从常规心电图到动态心电图的完整远程会诊网络，实现了北京专家帮文登农村群众看病。各基层医疗机构与威海市中心医院建立远程心电诊疗系统，将在诊疗中发现的疑似心梗的患者，直接转诊至中心医院胸痛中心，开通绿色通道，使患者在第一时间得到确诊和针对性治疗，极大提高了农村心梗患者的救治率。

建立远程放射影像诊断中心。针对镇卫生院影像专业人才短缺、看片水平不高的问题，建设了区域放射影像PACS系统，依托三级甲等中医骨伤专科医院——文登整骨医院和区人民医院，分别设立1处远程骨科放射影像诊断中心和2处远程综合放射诊断中心。对没有影像医师的镇卫生院，可将其拍摄的X光片、CT片等影像资料实时传送到诊断中心，由诊断中心医师在最短时间内进行阅片诊断，做出诊断报告，再实时传送回去；对有影像医师的镇卫生院，可将其拍摄的不能确诊的影像资料实时传送到诊断中心，帮助阅片诊断；对疑难病例，组织专家通过PACS平台进行会诊讨论，帮助农村群众把病看准。

二、医药进村，打通就医"最后一公里"

送医生下乡。为解决村医越来越少的问题，文登区在省内率先探索启动基层巡诊服务模式，投资500多万元为全区16处镇卫生院全部配备专业化巡诊车，车上设置全科医生工作站，

配齐常用检查设备。各镇卫生院成立基层巡诊服务队，每天巡回辖区各村尤其是偏远村庄开展医疗服务，打造了"流动卫生室"，进村入户为农村群众诊病治疗。同时，将基层巡诊服务与家庭医生签约相结合，引导家庭医生团队加入巡诊队伍，为农村群众提供基本医疗、基本公共卫生、家庭医生签约等各项服务，让农村群众在家门口就能享受到齐全的卫生健康服务。

送药品到家。为解决农村群众取药不方便的问题，文登区联合区邮政公司，开展"惠民送药　邮递到家"服务，在家庭医生团队到村巡诊时，群众看完病需要用药的，家庭医生会回去开出处方交由医院药房工作人员配药，并详细注明用法和剂量，每天早晨邮政快递员到药房取药，当日就可为群众送药到家；平时如有用药需求，也可直接与家庭医生联系，医院会在第一时间将药品快递到群众手中。整个服务只收药品费，不收快递费。同时，为慢病患者直接办理报销手续，送药上门时患者只需缴纳报销以外的药费，极大地方便了群众。

送服务进门。为解决长期卧床和慢创病人治疗及护理的问题，区人民医院医联体17个组成单位全部成立"白求恩居家护理服务队"，联合家庭医生团队，为居家卧床病人进行慢创清创、压疮等治疗，以及预防指导、造口护理及指导、导尿管更换、鼻饲插管、静脉采血等服务。整个过程只收成本费，不收出诊费，对低保、特困病人实行免费治疗，让患者足不出户就能享受到专业的治疗和护理服务，2019年为2 000多名患者提供居家上门服务。

同时，为解决农村老年人的医养难题，各镇卫生院还成立居家养老健康服务中心，为辖区有医疗需求的居家老人设立家庭病床，签订服务协议，建立健康档案，制定个性化上门服务与健康指导方案。2019年，共计为3 000多名慢性病留守老人、空巢老人提供上门服务。

三、发展中医药，筑牢群众健康根基

文登区通过邀请名医坐诊带教、创新中药集中配送模式、推广中医适宜技术等方式，推动中医的传承、创新与发展，为群众健康提供坚实保障。

邀请知名专家坐诊带教。文登区要求各基层医疗机构积极聘请地市级以上（北京及省级优先考虑）具有中级以上职称的中医名家来院坐诊、培训、带教，每月至少一次，并形成制度固定下来。例如，大水泊中心卫生院每月邀请北京中医药大学特聘专家马新童教授来院坐诊、带教，由马新童教授带教的本院中医师刘泽涛也逐渐成长为百姓口口相传的基层名中医。2019年，全区16家基层医疗机构已邀请专家来文150多次，诊疗患者5 000余人次，为农村群众提供了高水平中医诊疗服务，也提升了基层中医药服务能力。

创新中药集中配送模式。为了让群众用上质量有保障的中药，文登区探索创新中药集中配送模式，2018年成立人民医院医共体中药配送中心，实现了中药饮片区级统一采购、加工和销售。①集中采购药材。与道地药材的种植基地及具有国家资质的大型药企建立合作关系，选择各供应商的优质药材，从源头确保饮片质量。②专业人员统管。中心配备各类技术人员，从打单、审方、调配、浸泡、煎煮、包装、储存到发放等各个环节都由专业人员全程参与。③全程机械化操作。中心配备煎药机、膏方机等各类器械30多台，从开处方到最后的药品包装，全程机械化、数字化操作，药品不与空气接触，避免了人工操作可能带来的污染。④实行快捷配送。与顺丰、邮政合作，提供配送到家服务，为患者免费送药上门。整个流程采用全程电子条码管理，保证生产配送全程可追溯，让群众吃到

优质、放心的中草药。目前，中心日均调剂中药饮片1 700余副，累计服务6万余人次。

大力推广中医适宜技术。针对部分农村群众重治轻防的问题，文登区大力推广中医适宜技术、普及中医保健知识，充分发挥中医"治未病"的独特优势，努力让广大群众不得病、少得病、不得大病。推行"健康文登 全民艾灸"工程，全区16处基层医疗机构"国医堂"全部设置免费艾灸体验馆，建立宣教驿站，发放艾灸健康服务礼包4万件，3万多名群众享受到免费艾灸服务；启动"中医健康小镇"建设，以张家产镇为试点，推进全民普及热敏灸技术，不断提高防病治病能力。

（四）不断健全农村社会保障体系

农村社会保障体系建设是保障和改善民生的重要内容，也是振兴乡村的重要支撑。2020年，国家继续加大农村社会保障投入，不断健全农村社会保障体系，为全面推进乡村振兴提供了有力支撑。

1. 持续做好社会保障扶贫工作

2020年5月，人力资源社会保障部办公厅印发《关于做好疫情防控常态化条件下技能扶贫工作的通知》（人社厅函〔2020〕81号），提出要高度重视技能扶贫工作、加大职业技能培训力度、支持企业面向贫困劳动力开展以工代训、加大52个未摘帽贫困县技能扶贫支持力度、做好贫困地区技能人才评价。2020年6月，人力资源社会保障部、财政部和国务院扶贫办印发《关于进一步做好就业扶贫工作的通知》（人社部发〔2020〕48号），提出要围绕贫困劳动力出得去、稳得住、留得下，多措并举、精准施策，帮助有劳动能力和就业意愿的贫困劳动力外出务工，帮助已外出贫困劳动力稳定务工，最大限度防止和减少外出务工贫困劳动力返乡回流，努力稳定贫困群众就业增收渠道。2020年7月，人力资源社会保障部、教育部和国务院扶贫办印发《关于进一步加强贫困家庭高校毕业生就业帮扶工作的通知》（人社部函〔2020〕75号），提出要将贫困家庭高校毕业生及时纳入就业帮扶，坚持重点关注、重点推荐、重点服务，建立健全覆盖就业创业全过程的帮扶机制，统筹调动资源，突出精准施策，加强关爱指导，使建档立卡贫困家庭、零就业家庭毕业生全面就业到位，使有需求的其他贫困家庭毕业生全面帮扶到位，有就业意愿的都能实现就业或组织到就业准备活动中。

2. 落实困难群体帮扶政策

2020年3月，民政部办公厅印发《关于在疫情防控期间加强特殊困难老年人关爱服务的通知》（民办发〔2020〕7号），提出各地要依托留守老年人信息系统、养老服务信息系统等现有信息平台，对特殊困难老年人开展全面摸底排查，科学评估风险等级，明确分类帮扶措施，建立关爱服务台账，确保将全部特殊困难老年人纳入关爱服务范围。对因疫情影响在家隔离的孤寡老人尤其是特困老年人，要每天至少开展1次走访探视，根据实际需求提供必要帮扶。对基本生活存在困难、符合相关救助条件的，要及时协助其申请临时救助、最低生活保障等社会救助。对因家人参加抗击疫情或被隔离收治而无人照料的老年人，要协助落实临时照料人，及时做好生活照料、康复护理等工作，密切关注其身体状况、心理变化和精神状态。对因疫情影响在家隔离的留守（空巢）、独居老年人特别是高龄、失能老年人，要在督促家庭成员履行赡养（扶养）责任的基础上，引导村（居）委会、物业企业、社会组织、志愿者等，有针对性地开展走访探视、精神慰藉、生活照料等服务。

2020年5月，中国残联、国务院扶贫办等五部门联合印发的《关于扎实做好疫情防控常态化背景下残疾人基本民生保障工作的指导意见》（残联发〔2020〕17号）提出，要充分认识做好残疾人基本民生保障工作重要性，进一步加大工作力度，采取更加有力的措施，扎实做好残疾人基本民生保障各项工作。坚持应保尽保和分类施策、千方百计稳定残疾人就业、加大对农村贫困残疾人帮扶力度，采取切实措施保障残疾人基本民生。密切关注、准确掌握受疫情影响残疾人的基本生活情况，对于符合条件的要尽快落实低保、临时救助、价格临时补贴以及困难残疾人生活补贴、重度残疾人护理补贴等各项生活保障措施。有条件的地区可阶段性适当提高相关补贴标准，适当增加对特殊困难残疾人家庭的生活补助，对残疾人供养、托养、照护等机构恢复服务给予一定的支持。

2020年6月，民政部、财政部印发《关于进一步做好困难群众基本生活保障工作的通知》（民发〔2020〕69号），提出要完善特困人员认定条件，将特困人员救助供养覆盖的未成年人年龄从16周岁延长至18周岁。加强特困人员供养服务机构建设和设施改造，确保有意愿入住的特困人员全部实现集中供养。严格落实供养服务机构服务保障、安全管理等规定，不断提高集中供养服务质量。加强分散供养特困人员照料服务，督促照料服务人员认真履行委托照料服务协议，全面落实各项照料服务，照顾好特困人员日常生活。加强对分散供养特困人员的探访，及时了解疫情对特困人员生活的影响，重点跟踪关注高龄、重度残疾等生活不能自理特困人员，帮助其解决实际困难。要加强对生活困难未参保失业人员的救助帮扶，适度扩大临时救助范围。对受疫情影响无法返岗复工、连续三个月无收入来源，生活困难且失业保险政策无法覆盖的农民工等未参保失业人员，未纳入低保范围的，经本人申请，由务工地或经常居住地发放一次性临时救助金，帮助其渡过生活难关。文件还提出要坚持凡困必帮、有难必救，对其他基本生活受到疫情影响陷入困境，相关社会救助和保障制度暂时无法覆盖的家庭或个人，及时纳入临时救助范围。对遭遇重大生活困难的，可采取一事一议方式提高救助额度。全面建立乡镇（街道）临时救助备用金制度，积极开展"先行救助"，有条件的地区可委托社区（村）直接实施临时救助，做到发现困难立即救助。

3. 完善农村社会保障政策

2020年中央1号文件指出，要对标全面建成小康社会加快补齐农村社会保障短板，适当提高城乡居民基本医疗保险财政补助和个人缴费标准。提高城乡居民基本医保、大病保险、医疗救助经办服务水平，地级市域范围内实现"一站式服务、一窗口办理、一单制结算"。加强农村低保对象动态精准管理，合理提高低保等社会救助水平。完善农村留守儿童和妇女、老年人关爱服务体系。发展农村互助式养老，多形式建设日间照料中心，改善失能老年人和重度残疾人护理服务。文件还要求，对特殊贫困群体，要落实落细低保、医保、养老保险、特困人员救助供养、临时救助等综合社会保障政策，实现应保尽保。

2020年5月，人力资源社会保障部、财政部印发的《关于扩大失业保险保障范围的通知》（人社部发〔2020〕40号）提出，要阶段性扩大失业农民工保障范围，对《失业保险条例》规定的参保单位招用、个人不缴费且连续工作满1年的失业农民工，及时发放一次性生活补助。2020年5—12月，对2019年1月1日之后参保不满1年的失业农民工，参照参保地城市低保标准，按月发放不超过3个月的临时生活补助，与城镇职工同等参保缴费的失业农民工，按参保地规定发放失业保险金或失业补助金。

4. 健全农村养老服务体系

2020年，国家有关部门积极应对农村人口老龄化问题，对农村养老服务工作作出重要部署，对加快发展养老服务业、推进养老服务体系建设等养老服务进行统筹设计。民政部深入开展养老院服务质量建设专项行动，持续推进"三区三州"深度贫困地区敬老院护理型床位建设，大力实施特困人员供养服务设施（敬老院）改造

提升工程，会同国家发展改革委、财政部等九部门印发《关于加快推进老年人居家适老化改造工程的指导意见》（民发〔2020〕86号），会同财政部组织开展第五批全国居家社区养老服务改革试点，开展第四批居家社区养老服务改革试点成果验收。印发《关于进一步加强养老服务行业管理有关事项的通知》（民办发〔2020〕25号），提出要建立完善养老服务监管制度，开展养老机构等级评定先行先试工作，发布养老机构等级评定实施细则，农村养老服务体系进一步健全。同时，民政部等有关部门不断完善政策措施，重点从加大资金支持力度、建立和完善农村老年人生活保障体系、加强农村留守老年人服务关爱、加强农村养老服务设施建设、积极做好农村医养结合工作等方面发力，协同推进发展农村养老服务；继续强化对失能特困老人的兜底保障，积极发展农村互助幸福院等互助性养老，完善特殊困难的失能留守老人探访关爱制度；以乡镇为中心，建立具有综合服务功能、医养结合的养老服务机构，与农村基本公共服务、农村特困供养服务、农村互助养老服务相互配合，形成农村基本养老服务网络。

5. 适度扩大低保覆盖范围

2020 年 6 月，民政部、财政部印发《关于进一步做好困难群众基本生活保障工作的通知》（民发〔2020〕69 号），提出在坚持现有标准、确保低保制度持续平稳运行的基础上，适度扩大低保覆盖范围。对低收入家庭中的重残人员、重病患者等特殊困难人员，经本人申请，参照"单人户"纳入低保。低收入家庭及重残人员、重病患者的具体认定办法以及相关对象纳入低保后的待遇水平，由各地结合实际研究制定，并做好与现有低保对象待遇的衔接。对无法外出务工、经营、就业，导致收入下降、基本生活出现困难的城乡居民，凡符合低保条件的，要全部纳入低保范围。受疫情影响严重的地区，可适当放宽低保认定条件。积极促进有劳动能力和劳动条件的低保对象务工就业。严格落实社会救助和保障标准与物价上涨挂钩的联动机制，依规发放价格临时补贴。

南京市谷里街道构建农村多元综合养老服务体系①

近年来，为了更好地满足农村多样化的养老需求，江苏省南京市江宁区谷里街道确定了"全面抓好托底养老、全面完善社区居家养老、全面发展社会化养老、全面推进城乡融合养老"的"四全"工作思路，在养老服务主体、对象、方式、产品等方面进行多元化探索，努力构建政府主导、社会化运作、家庭参与的"城乡一体"养老服务模式，打造"康养谷"。

一、强化顶层设计

完善制度设计。为推动多元化养老服务体系建设，谷里街道坚持党委领导，着力发挥政府主导作用。党委会多次听取街道"康养谷"建设、敬老院"公建民营"和社区居家养老工作汇报，专题研究街道养老服务发展方向和发展举措；按照区级养老工作精神，抓好补贴政策的宣传与落实，通过购买第三方服务的方式加强养老机构、养老设施的监管与评估，提高街道养老机构管理能力；针对"养老难"问题，街道出台文件，确立目标任务，明确部门职责，建立部门和社区的联动机制。

强化资金保障。街道将养老服务经费纳入年度财政预算，用于引进社会组织的资金不低于200万元，对社区居家养老服务中心建设和运营补贴按区标准予以1：1配套，推动社区居家养老服务中心在建设服务、管理运行等方面良性有序发展。

---

① 专栏内容为农业农村部农村社会事业促进司、国家发展改革委社会发展司联合推介的首批18个全国农村公共服务典型案例之一。

街道投入1 000多万元对原敬老院进行适老化升级改造，投入300多万元打造街道居家养老综合服务中心。

加强队伍建设。街道充分发挥党员带头作用，利用社工、网格员和工会等群团组织力量，特别注重加强社工培养，近两年街道有100人获得初级社工证书，19人获得中级社工证书。在引进专业社会组织开展养老服务，发展志愿者基础上，成立自我服务组织，建立低龄老人照顾高龄老人机制，开展各类针对性活动；推广志愿服务"时间银行"，实现社区老人老有所为的美好愿景。另外，多方面培养老年保健、护理康复等专业人员，多层次开展居家养老服务机构交流探讨，不断壮大街道养老队伍。

二、改善养老设施条件

引入社会化养老机构。近年来，谷里大力推进美丽乡村建设，先后建成"五朵金花"世四桃源、"十小金花"大塘金、银杏湖畔公塘头民宿等美丽乡村示范村，相继建成张溪特色田园乡村、金谷特色田园综合体，成为南京市首个全域美丽乡村和全域旅游示范街道。依托良好生态环境优势，不断改善基础设施条件，吸引了优质专业养老机构入驻。

改善街道养老设施条件。2018年，街道对敬老院进行重新改造和内部装修，安装消防和呼叫系统，加装电梯，购置适老化家具，让老人有一个舒适温馨的生活环境；街道还对闲置的办公用房进行改造，建设街道居家养老综合管理指挥中心，内设居家养老（日间照料）中心、老年护理中心、老年学校、社会组织发展中心、"小江家护"谷里分中心等工作机构，设置了老年中心食堂、休息室、沐浴间、医疗保健室等功能室，完善硬件设备，满足老人的各类服务需求。

完善社区养老服务阵地。借助街道各类激励性举措，各社区充分利用闲置资源，加大投入，抓好社区居家养老中心建设，根据老人实际需求，推出助餐、助学、助浴、助洁、精神慰藉等定制化服务。箭塘、亲见、周村等社区重建新的居家养老服务中心，向阳社区利用碧桂园配套用房，全力打造全区乃至全市一流的居家养老服务中心。

加强专业养老机构融入。谷里街道引进江苏省省级机关医院（老年医院），共同在辖区特色田园乡村——马府院，打造田园居家养老服务中心，为所有住养老人提供老年综合评估、慢性病管理、随访、康复运动、用药指导等服务，老年医院的医务人员每周来中心巡诊一次，让老年人享有高质量的医疗服务。敬老院和"康养谷"改造后，街道引进江苏悦华养老产业集团托管，更新服务理念，抓好护理人员培养，提高了谷里地区的养老水平。

三、利用现代信息技术

全面推广"互联网＋养老"系统。依托区级"小江家护"信息化养老平台，谷里为 769 位老人申请了线下定期上门看护服务，街道也建成了"小江家护"谷里街道分中心，与区级养老信息网络中心联网，依托大数据技术，对"小江家护"工作人员上门提供养老服务情况进行实时监督和反馈，促进了养老服务质量不断提升。

开展线下上门服务。以民政部门工作人员和社区网格员为主，深入到各社区宣传养老服务政策，对符合上门服务的对象做好登记和网上申报工作，安排专业服务人员为老年人提供生活照料、精神慰藉等个性化服务，让老年人在家就能享受专业人员提供的高质量照料。

发放智能设备。按照区民政局的要求，街道为符合条件的特定老年人免费发放智能手环，提供实时定位、24 小时呼叫中

心背后支持等功能。下一步，街道计划将辖区内各养老服务点与中心进行联网，加强对养老机构实时监督。

四、凝聚多方力量参与

借助老年教育力量，丰富老年人精神生活。谷里街道现有老年大学1所，社区老年学校11所，敬老院分校1所。2019年参加老年学校学习人数达2 612人。街道老年大学邀请专业授课老师，开设了舞蹈、书画、声乐、柔力球、太极等多项课程，极大地丰富了老年人精神生活；在社区（村），聘请本社区、本街道的乡贤、退休老教师、老专家担任老年学校的兼职教师，根据社区老年人的需求，开展多样化的文化活动。

借助社区卫生服务力量，推进医养结合。街道要求各社区居家养老服务中心和社区卫生服务站融合建设，深化健康知识宣传和良好卫生习惯引导，加大对社区老年人健康状况监测力度，建立健康档案。各社区积极组织医疗志愿者，为社区老人开展体检、问诊、健康教育等活动。

借助社会组织力量，丰富老年服务内容。自2016年起，街道创新支持社会组织开展养老服务的方式，开展公益创投活动，2019年街道投入300多万元，引进29家专业社会组织，开展社区服务。这些组织充分发挥专业特长，开展形式多样的服务，成为街道和社区养老工作的有益补充。

借助志愿者群体力量，深化养老服务工作。街道和社区深入挖掘社区能人，积极发展志愿者，成立志愿者队伍。现有社区能人50多个、志愿者300多人、自我服务组织20多个，对社区内的老年人开展结对帮扶活动，在为老人提供温馨多样服务的同时，深化社区治理。对有活动能力的老人，组织在社区居家养老中心开展文体活动，对失能老人坚持定期上门关爱。

（五）积极推动农村文体事业发展

发展乡村文体事业是推动乡村文化振兴的重要内容。2020年，党和国家聚焦农村文体事业发展短板，以提高农民文化生活满意度为中心，扎实推进公共文化服务体系和公共体育设施建设，农村文体事业取得了显著成效。

1. 持续做好文化扶贫工作

2020年，我国继续推进文化事业、文化产业发展。文化和旅游部等相关部门大力开展文化扶贫，振兴贫困地区传统工艺，支持设立非遗扶贫就业工坊，推动一些有特色的村落，挖掘乡土文化特质，激活乡土文化、旅游等资源，以"文化＋旅游＋扶贫"的思路，走出一条以文化和旅游助推乡村振兴的发展路子。文化和旅游部印发《关于推动数字文化产业高质量发展的意见》（文旅产业发〔2020〕78号），提出要鼓励依托地方特色文化资源，开发具有鲜明区域特点和民族特色的数字文化产品，助力扶贫开发。我国不断创建和完善可持续的文化扶贫工作机制，以提升文化素质为目标，以传授致富技能为手段，向扶贫对象输入新的文化、知识和价值观念，增强群众的文化自信与脱贫信心。同时，通过组织文化惠民演出、农村电影放映、全民阅读和全民健身，开展丰富多彩、积极健康的文体活动，不断满足少数民族地区群众精神文化需求。

2. 加强农村精神文明建设

2020年中央1号文件指出，要依法管理农村宗教事务，制止非法宗教活动，防范邪教向农村渗透，防止封建迷信蔓延。同时，要教育引导群众革除陈规陋习，弘扬公序良俗，培育文明乡风。2020年3月，国务院扶贫开发领导小组印发《关于建立防止返贫监测和帮扶机制的指导意见》（国开发〔2020〕6号）提出，要积极开展乡风文明建设，发挥村规民约作用，倡导赡养老人、扶养残疾人。2020年12月，民政部办公厅印发《培育发展社区社会组织

专项行动方案（2021—2023年)》（民办发〔2020〕36号），提出以社区社会组织为平台，推进社区文明创建，发挥社会组织在社区文化建设中的积极作用，通过开展文化演出、非遗展示、民俗展演、文旅宣传、体育竞赛等活动，推动形成具有本地特色的社区文化、村镇文化、节日文化、广场文化。文件还提出，要发挥农村红白理事会、乡风文明理事会等在改革婚丧礼仪等方面的作用，强化村规民约的引导作用和约束力，发动党员、村民代表带头签订移风易俗承诺书，倡导婚事新办、丧事俭办、喜事简办。

3. 加快推进农村文化体育设施建设

近年来，国家不断加大对西部地区文化建设资金投入力度，完善公共文化设施网络，加强人才队伍建设，组织示范性群众文化活动。文化和旅游部数据显示，2015年以来，国家文旅部门累计在中西部贫困地区、民族地区、边疆地区建设村综合性文化服务中心2.7万个，为2.3万个村文化活动室配置基本文化服务设备，极大提升了乡村文化设施建设的完备程度，农村体育基础设施建设进一步完善。同时，中央财政安排补助资金44 872万元，支持贫困地区村文化活动室设备购置项目，按照2万元每村的标准购置基本文化服务设备，以保障文化活动正常开展。截至2020年底，全国超过80％的县实行了文化馆、图书馆总分馆制，57.54万个村设立了综合文化服务中心，展示传播新时代优秀乡村文化的阵地更加完善。

2020年，国家高度重视发挥体育在农村社会事业发展中的独特作用，以支持地方加强健身场地设施建设、不断改善农村体育健身环境为着力点，推进农村全民健身基本公共服务建设。体育总局等有关部门以实施《全民健身计划（2016—2020年)》为抓手，落实目标任务和重大政策措施，创新全民健身组织方式、活动开展方式和服务模式，将乡村地区作为运动项目产业发展的重点区域，大力推动建设滑雪场、青少年户外营地、汽车自驾运动营地等户外运动设施，各地涌现了一批美丽乡村健康跑、乡村马拉松、乡村自行车赛事，推动建成覆盖全社会的全民健身组织网络，也有力推动了乡村振兴。

4. 提高文化体育服务能力

2020年，中央财政通过公共文化服务体系建设相关资金，统筹支持乡镇文化站等基层公共文化设施免费开放，实施新时代文明实践中心建设、戏曲公益性演出、公共数字文化建设、县级应急广播体系建设等项目，支持基层公共文化体育设施维修和设备购置，支持为基层培养、选派文化工作者，促进公共文化服务提质增效。2020年中央1号文件提出，要推动基本公共文化服务向乡村延伸，扩大乡村文化惠民工程覆盖面。鼓励城市文艺团体和文艺工作者定期送文化下乡，实施乡村文化人才培养工程，支持乡土文艺团组发展，扶持农村非遗传承人、民间艺人收徒传艺，发展优秀戏曲曲艺、少数民族文化、民间文化。2020年3月，国家广电总局印发《关于开展智慧广电专项扶贫行动的通知》，强调要扎实推进贫困地区县级广播电视播出机构制播能力和深度贫困县应急广播体系建设等重点惠民工程，积极参与智慧城市、智慧社会、智慧乡村、智慧家庭建设，参与党委政府各部门的"雪亮工程"、远程党员教育、公共管理、新时代文明实践中心等工程，进一步巩固拓展基层宣传思想文化阵地。2020年11月，文化和旅游部、国家发改委等十部门联合印发《关于深化"互联网＋旅游"推动旅游业高质量发展的意见》（文旅资源发〔2020〕81号），提出推进乡村旅游资源和产品数字化建设，打造一批全国智慧旅游示范村镇，支持旅游景区运用数字技术充分展示特色文化内涵，积极打造数字博物馆、数字展览馆等，提升旅游体验。在体育服务能力建设方面，体育总局会同有关部门加大政策资金支持，推动公共体育场馆向包括农村地区在内的群众免费或低收费开放，并委托第三方机构开展调查评估，对发现存在问题的场馆取消其受补助资格，并进行公开通报批评，督

导各地切实做好公共体育场馆向群众开放的工作，农村体育服务能力进一步增强。

5. 弘扬传承乡村优秀文化

2020年，中央财政通过国家文物保护资金、非物质文化遗产保护资金，统筹支持加强农村地区文化遗产保护，包括文物保护单位保护、考古、可移动文物保护，以及国家级非物质文化遗产代表性项目保护、国家级文化生态保护区建设、国家级代表性传承人开展传习活动等。乡村是"根"，文化是"魂"。2020年中央1号文件提出，要保护好历史文化名镇（村）、传统村落、民族村寨、传统建筑、农业文化遗产、古树名木等。2020年2月，农业农村部印发《关于落实党中央、国务院2020年农业农村重点工作部署的实施意见》（农发〔2020〕1号），强调乡村文化的传承是打赢脱贫攻坚战不可缺少的一部分，明确要求"以'庆丰收、迎小康'为主题，继续下沉县乡村，深化实化节庆内容，支持培育一批地方精品节庆活动，推动成风化俗。举办丰收节产业扶贫产销对接专场，开展'听党话、感党恩、跟党走'宣讲活动，组织乡村振兴国际交流活动，讲好乡村振兴中国故事。加强农业丰收历史文化保护和传承。"

北京市仉庄村：传承发扬优良家风，
促进村庄文明和谐①

2020年4月，农业农村部印发通知，向社会推介21个首批全国村级"乡风文明建设"优秀典型案例，为遏制农村陈规陋习蔓延势头和培育婚事新办、丧事简办、孝亲敬老等社会风

---

① 专栏内容为农业农村部农村社会事业促进司推介的首批全国村级"乡风文明建设"优秀典型案例之一。

尚提供参考借鉴，北京市通州区于家务乡仇庄村成功入选。

通州区于家务乡仇庄村在此次评选中，特色鲜明，它以"倡、树、兴、展"为引领，完善"家庭、学校、社会、网络"四位一体的工作模式，开展特色文化活动，传承弘扬优良家风。于家务回族乡仇庄村位于通州区的最南端，村域面积2 800 亩①，常住人口 879 人。多年来，仇庄村始终坚持"顺乎民情，水到渠成"的发展规律，坚持"法德共治"的理念，推行"用德管干部，用法管村庄，用孝管村民"的三管模式，探索出了一条"党建引领、文化先行、法德共治、全面发展"的新路子。通过采取以孝德文化为主要内容的多项举措，唤醒村民内心深处的道德认同，筑牢基层党支部的战斗堡垒，以党建文化引领村庄发展，以孝德文化服务村庄建设，全面提升了村庄治理水平，村容村貌发生了翻天覆地的变化。仇庄村连续15 年被评为"首都文明村"，并先后荣获"全国文明村"、"全国民主法治示范村"、全国"美丽乡村"、全国乡村治理示范村等多项国家级荣誉。

一、抓文化，传家风

从 1999 年起，仇庄村就把每年农历的腊月二十这一天定为老人节。每到这一天，村两委成员都会入户慰问老人，把"孝德"文化与孝老敬老传统美德有机结合，通过"孝德"文化的钥匙，打开村民的和谐幸福之门。2014 年，该村启动"追寻家训家规、呼唤良好家风"主题教育活动，成立孝文化专家组，为 193 户家庭制作家风、家训、家规，让家家户户过日子有章可循、有规可守；同时还与专家组研究创立了仇庄《家道》三字经，形成全村共同的治家标准。2018 年，仇庄村

---

① 亩为非法定计量单位，1 亩≈667 平方米，下同。

又组织专人为 60 户模范家庭编写了家风故事，进一步深化孝德家风教育，全村呈现出"大树底下谈家道，农家院里话家风"的美好画面。

一系列举措中，该村一直注重积极发挥支部和党员的引领示范作用，持续打造孝德文化品牌，通过自觉形成家规民约等一系列举措，深化精神文明建设，逐渐改变了村民的精神风貌，村风越来越好。同时，仇庄村注重发挥身边好人、道德模范的影响、感染和教育作用。比如，每年组织先进典型评选活动，先后树立了优秀党员高建华、当代雷锋杜振国、孝老之星高启财等一批先进典型；又挖掘出了拾金不昧刘凤祥、后进转化杨瑞云等家庭，提炼了"三七墙"的正能量故事。以模范引领、典型推动，仇庄村实现了后进变先进、先进更先进的良好局面，进一步激发了村民道德情感，使孝德文化成为村民认同和自觉行动。

二、重学习，提文明

仇庄村始终注重村民学习，不断创新学习模式，村民整体素质明显提升。在"追寻与呼唤"活动中，开创"道德'大讲堂'＋家庭'小课堂'"的村民学习模式，以学用结合为目标，组织村民开展集中学习和家庭有针对性学习活动，让"崇德之风""文明之风"进村入户。2017 年，该村成立仇庄书院，开办村民夜校，搭建新的学习平台。依托"书院和夜校"，成立以"村贤"为主的村民宣讲团，利用多种形式，宣传好家风故事，传递正能量。同时利用三八妇女节、九九重阳节等重大节日，积极开展主题教育活动，把活动舞台转化成孝德文化的传播平台。

接着先后建成"法德文化街"、党建馆、孝道馆等场馆，系统打造孝德文化和精神文明教育基地，并建立了"美丽人生"妇女微信群、"仇庄书院"读书群、党员学习群等，运营

"孝心仇庄"公众号、创办"仇庄简报"等学习平台，将优秀传统和孝德家风潜移默化融入村民日常生活中，使村民学习氛围日渐浓厚，村风民风更加和谐向上。

三、重基础，美环境

2006年，仇庄被确定为北京市新农村建设试点村，先后投资2300多万元，完成了改水、改厕、道路硬化、排水沟改造、道路美化绿化等一系列民生工程，建设了文化广场、百姓俱乐部等多项基础设施。从而，做到一街一景，确保"三季有花、四季有绿"，树木覆盖率近62%，为村民营造了宜居的生活环境。如今的仇庄村，村外不见房，进村闻花香，出门绿成荫，路路绿成行。

2018年以后，仇庄村进一步开展人居环境整治及美丽乡村建设工作，村民积极支持，主动参与，相关工作取得良好效果。同时，对村庄绿化美化等进行提升设计，加大投资，建设了占地30余亩的村东休闲公园，正在建设150余亩的村西口孝文化主题公园，进一步打造生态宜居、人文和谐的现代化美丽村庄。

经过不懈的努力，仇庄村已走出一条以党建为引领，以孝德文化为核心的乡村治理的新路子，先后成为中组部、民政部、全国妇联的教育基地，并成为部分中小学、高等院校的学习实践基地和企事业单位党员培训实训基地。近几年来，中央和国家机关十几个部、委、团体及全国二十多个省市10余万人次的各界人士，相继来仇庄参观学习，相互交流。

（六）持续推进农村人居环境整治

2020年是实施农村人居环境整治三年行动收官之年。3年来，在党中央、国务院坚强领导下，各地扎实推进村庄清洁行动、农村厕所革命、生活垃圾治理、生活污水治理等重点任务。截至 2020 年底，农村人居环境明显改善，村庄环境基本干净整洁有序，村民环境与健康意识普遍增强。

1. 扎实推进贫困地区农村人居环境整治

2019 年 11 月，农业农村部等五部门印发《扎实有序推进贫困地区农村人居环境整治的通知》（农办社〔2019〕8 号），提出要促进脱贫攻坚与农村人居环境整治有效融合。2020 年，全国各地深入贯彻落实《通知》提出的要求，通过政府主导、社会参与的方式，促使政策、资金、人才、技术等要素向贫困地区倾斜。在村庄层面，要坚持扶贫开发与水土保持、生态建设、环境保护相结合，通过水、电、路、通讯等基础设施建设，教育、医疗等公共服务和生态脆弱区易地扶贫搬迁等措施，改善贫困地区农村的生活、生产条件和生态环境，提高农村生态宜居水平。在农户层面，注重解决"吃穿、住房、医疗和教育"等问题，增加家庭收入，激发内生动力，提升农户的精神风貌。一年来，国家将厕所革命、农村生活垃圾治理、农村生活污水治理等农村人居环境整治重点任务与农村基础设施建设、乡风文明建设、公共服务提升等相结合，在促进农村社会事业整体协调发展的同时，有效助推了贫困地区和贫困人口脱贫。

2. 加强农村人居环境整治制度建设

2020 年中央 1 号文件指出，要扎实搞好农村人居环境整治，分类推进农村厕所革命，东部地区、中西部城市近郊区等有基础、有条件的地区要基本完成农村户用厕所无害化改造，其他地区实事求是确定目标任务。各地要选择适宜的技术和改厕模式，先搞试点，证明切实可行后再推开。全面推进农村生活垃圾治理，开展就地分类、源头减量试点。梯次推进农村生活污水治理，优先解决乡镇所在地和中心村生活污水问题。开展农村黑臭水体整治。支持农民群众开展村庄清洁和绿化行动，推进"美丽家园"建设。鼓励有条件的地方对农村人居环境公共设施维修养护进行补助。

2020年11月，国务院印发《关于深入开展爱国卫生运动的意见》（国发〔2020〕15号），提出必须继承和发扬爱国卫生运动优良传统，充分发挥爱国卫生运动的制度优势、组织优势、文化优势和群众优势，将爱国卫生运动与传染病、慢性病防控等紧密结合，全面改善人居环境，加快形成文明健康、绿色环保的生活方式，有效保障人民群众健康。2020年11月发布的《中共中央关于制定国民经济和社会发展第十四个五年规划和二〇三五年远景目标的建议》提出，要因地制宜推进农村改厕、生活垃圾处理和污水治理，实施河湖水系综合整治，改善农村人居环境。推进农村生活垃圾就地分类和资源化利用，以乡镇政府驻地和中心村为重点梯次推进农村生活污水治理。支持因地制宜推进农村厕所革命。推进农村水系综合整治。深入开展村庄清洁和绿化行动，实现村庄公共空间及庭院房屋、村庄周边干净整洁。把乡村建设摆在社会主义现代化建设的重要位置，优化生产生活生态空间，持续改善村容村貌，建设美丽宜居乡村。

3. 加大农村人居环境整治政策支持

2020年6月，住房城乡建设部办公厅印发《关于组织推荐农村生活垃圾分类和资源化利用示范县的通知》（建办村函〔2020〕314号），开展农村生活垃圾分类和资源化利用示范县推荐认定工作。2020年8月，住房城乡建设部办公厅印发《关于公布2020年农村生活垃圾分类和资源化利用示范县名单的通知》（建办村函〔2020〕423号），要求各地加大对农村生活垃圾分类和资源化利用示范工作的指导力度，持续遏制城乡生活垃圾乱堆乱放，强化村庄日常保洁，推进农村生活垃圾分类和资源化利用，健全农村生活垃圾收运处置体系，完善运行维护长效机制，及时总结推广示范县经验和做法，不断提高县域农村生活垃圾治理质量和水平。2020年

12月，住房城乡建设部办公厅印发《关于组织推荐全国农村生活污水治理示范县（市、区）的通知》（建办村函〔2020〕392号），要求各示范县（市、区）制定示范实施方案，统筹推进城乡生活污水治理，因地制宜确定生活污水治理工作要求和具体标准，探索和完善符合当地实际的生活污水治理模式，进一步提高农村生活污水治理水平；文件还要求省级住房城乡建设部门要加大农村生活污水治理力度，及时总结推广示范县（市、区）经验和做法。

4. 强化农村人居环境整治技术支撑

2020年4月，国家市场监督管理总局、国家标准化管理委员会批准发布《农村三格式户厕建设技术规范》《农村三格式户厕运行维护规范》《农村集中下水道收集户厕建设技术规范》等3项推荐性国家标准。3项标准由农业农村部会同国家卫生健康委组织有关单位编制，聚焦当前我国农村改厕工作中的薄弱环节，统筹考虑不同地区的实际情况，为农村改厕工作提供了技术支撑。其中，《农村三格式户厕建设技术规范》重点就农村三格式户厕设计、安装与施工、工程质量验收等内容进行了规定，对三格化粪池选型、性能要求、检测方法等提出了相关技术指标。《农村三格式户厕运行维护规范》就农村三格式户厕的日常使用、粪污管理、维护、应急处置以及管护等内容进行了规定，对粪口传播疾病发生率高的地区如何做好三格式户厕管护提出了具体措施。《农村集中下水道收集户厕建设技术规范》则就农村集中下水道收集、户厕设计、施工与工程质量验收等内容进行了规定，对于统筹推进农村厕所粪污与生活污水处理具有指导意义。

5. 加强村庄规划管理

2020年7月，自然资源部和农业农村部印发《关于农村乱占耕地建房"八不准"的通知》（自然资发〔2020〕127号），针对一些地方农村未经批准违法乱占耕地建房问题突出且呈蔓延势头，尤其是强占多占、非法出售等恶意占地建房的行为，提出农村建房行为"八不准"，坚决遏制农村乱占耕地建房行为。同月，自然资源部和农业农村部印发《关于保障农村村民住宅建设合理用地的通知》（自然资发〔2020〕128号），提出农村村民住宅建设要依法落实"一户一宅"要求，严格执行各省（自治区、直辖市）规定的宅基地标准，不得随意改变。人均土地少、不能保障一户拥有一处宅基地的地区，可以按照《土地管理法》采取措施，保障户有所居。要充分尊重农民意愿，不提倡、不鼓励在城市和集镇规划区外拆并村庄、建设大规模农民集中居住区，不得强制农民搬迁和上楼居住。

2020年12月，自然资源部办公厅印发《关于进一步做好村庄规划工作的意见》（自然资办发〔2020〕57号），提出要统筹城乡发展，有序推进村庄规划编制。在县、乡镇级国土空间规划中统筹城镇和乡村发展，合理优化村庄布局。结合考虑县、乡镇级国土空间规划工作节奏，根据不同类型村庄发展需要，有序推进村庄规划编制。全域全要素编制村庄规划，对村域内全部国土空间要素作出规划安排。以"三调"为基础划好村庄建设边界，明确建筑高度等空间形态管控要求，保护历史文化和乡村风貌。精准落实最严格的耕地保护制度，将上位规划确定的耕地保有量、永久基本农田指标细化落实到图斑地块，确保图、数、实地相一致。统筹县域城镇和村庄规划建设，优化功能布局。充分尊重农民意愿，加强村庄规划实施监督和评估。

（七）优化完善农村公共基础设施

2020年，我国持续加大农村水、电、路、气、网等公共基础设施建设投入力度，促进农村基础设施提档升级，农民生活质量不断提高。

1. 持续做好农村基础设施扶贫工作

2020年3月，自然资源部办公厅印发《自然资源部2020年扶

贫工作要点》，提出要聚焦攻克深度贫困堡垒，保障深度贫困地区产业发展、基础设施建设、易地扶贫搬迁、民生发展等用地，结合推进新型城镇化建设，将大型城镇安置区及配套教育、医疗、产业设施用地纳入国土空间一体规划。2020 年 11 月，国家发展改革委、中共农办等部门联合印发《关于在农业农村基础设施建设领域积极推广以工代赈方式的意见》（发改振兴〔2020〕1675 号），提出要充分认识在农业农村基础设施建设领域积极推广以工代赈方式的重要意义，在补上"三农"领域基础设施短板、夯实农业生产能力建设、持续改善农村人居环境、推动休闲农业和乡村旅游配套设施提档升级、丰富乡村文化生活中寻找切入点，采取以工代赈方式因地制宜实施一批项目，在巩固脱贫攻坚成果、做好脱贫攻坚与实施乡村振兴战略有效衔接中发挥重要作用。

2. 明确农村基础设施建设重点任务

2020 年中央 1 号文件指出，要加大农村公共基础设施建设力度，推动"四好农村路"示范创建提质扩面。在完成具备条件的建制村通硬化路和通客车任务基础上，有序推进较大人口规模自然村（组）等通硬化路建设，支持村内道路建设和改造。加强农村道路交通安全管理，落实农村公共基础设施管护责任。提高农村供水保障水平，全面完成农村饮水安全巩固提升工程任务。统筹布局农村饮水基础设施建设，在人口相对集中的地区推进规模化供水工程建设。有条件的地区将城市管网向农村延伸，推进城乡供水一体化。加强农村饮用水水源保护，做好水质监测。完成"三区三州"和抵边村寨电网升级改造攻坚计划。推进实现行政村光纤网络和第四代移动通信网络普遍覆盖。

为贯彻落实 2020 年中央 1 号文件，2020 年 2 月，农业农村部印发《关于落实党中央、国务院 2020 年农业农村重点工作部署的实施意见》（农发〔2020〕1 号），提出要扎实做好农村人居环境整治，组织实施好农村厕所革命整村推进财政奖补政策，切实做好厕所粪污处理及资源化利用，以中西部地区为重点，实施农村人居环境整治整县推进工程；推动提升农村基础设施建设和公共服务水平，配合有关部门推进农村饮水安全、村内道路、信息通讯、能源等基础设施建设，引导健全运行管护机制。2020 年 10 月，交通运输部印发了《关于做好贫困地区 2020 年交通建设项目更多向进村入户倾斜工作的通知》（交办规划函〔2020〕592 号），指导地方加大力度推进通组公路建设，推动农村公路更多向进村入户倾斜，不断提升广大农村地区交通基础设施水平。2020 年 10 月，交通运输部联合财政部印发《关于组织开展深化农村公路管理养护体制改革试点工作的通知》（交公路发〔2020〕26 号），确定了 167 个省、市、县级农村公路管理养护改革试点地区，推动各项改革措施落地。

3. 把握农村基础设施发展趋势

2020 年 2 月，中央全面深化改革委员会第十二次会议审议通过的《关于推动基础设施高质量发展的意见》提出，要加快推进新型基础设施建设，进一步强化新型基础设施建设的规划指导，完善政策环境，创新相关体制机制，支持构建多元化的示范和应用场景，加强前瞻性、引导性的技术研发和创新，夯实发展基础。要以新型基础设施为牵引，推动传统基础设施优化服务和提升效能，统筹推进更多智能交通、智能电网、智慧城市等项目建设，构建适应智能经济、智能社会发展需求的基础设施体系。2020 年 7 月，国家发展改革委办公厅发布《关于加快落实新型城镇化建设补短板强弱项工作　有序推进县城智慧化改造的通知》（发改办高技〔2020〕530 号）指出，要夯实新型基础设施支撑，推进县城公共基础设施数字化建设改造。

4. 强化农村基础设施建设政策支持

2020 年 2 月，国家发展改革委等部门印发《关于促进消费扩容提质　加快形成强大国内市场的实施意见》（发改就业〔2020〕293 号）指出，要加强消费物流基础设施建设，完善农村物流基础设施网络，加快新一代信息基础设施建设。2020 年 4 月，国家发展改革委印发的《2020 年新型城镇化建设和城乡融合发展重点任务》（发改规划〔2020〕532 号）指出，要促进城乡公共设施联动发展，推进实施城乡统筹的污水垃圾收集处理、城乡道路客运一体化发展、城乡公共文化设施一体化布局、市政供水供气供热向城郊村延伸等城乡联动建设项目，加快发展城乡教育联合体和县域医共体。2020 年 6 月，国家发展改革委与国家能源局发布《关于做好2020 年能源安全保障工作的指导意见》（发改运行〔2020〕900 号）指出，要继续支持农村地区电网建设，2020 年完成"三区三州"农网改造升级攻坚任务。2020 年 11 月，交通运输部印发《关于全面做好农村公路"路长制"工作的通知》（交公路发〔2020〕111号），明确县级总路长是辖区内农村公路管理的第一责任人，负责统筹县域内农村公路的建设、管理、养护、运营及路域环境整治等工作，组织研究确定农村公路发展目标、发展政策，建立保障机制，落实主要任务，协调解决重大问题等。

二、农村社会事业发展的主要成效

"十三五"以来，农村教育、医疗、养老、社保等农村公共服务不断改善，城乡基本公共服务均等化水平不断提升。2020 年，各地各部门围绕补上全面小康"三农"短板重点任务，着眼"抓落实、强重点、促协调"，稳步提高农村教育质量，全面推进健康乡村建设，不断健全农村社会保障体系，积极推动农村文体事业发展，持续推进农村人居环境整治，为全面建成小康社会和消除绝对贫困做出了积极贡献。

（一）农村基础教育蓬勃发展，教学质量明显提升

2020 年，国家继续落实《中国教育现代化 2035》和《加快推

进教育现代化实施方案（2018—2022 年）》等政策部署，促进公共教育资源向农村倾斜，推进城乡基本公共教育服务均等化，城乡教育差距进一步缩小，农村学校办学条件显著改善，农村教师队伍素质稳步提升，农村学生入学机会稳步提高。

1. 加快补齐农村学前教育短板

学前教育是国民教育体系的重要组成部分，是推进社会全面进步的基石。办好学前教育，促进儿童健康成长，关系千家万户。实现城乡学前教育优质普惠目标，完善农村学前教育管理体制和工作机制，为农村适龄儿童提供充分的、基本均衡的教育机会和高质量的公共教育服务，是国家学前教育长远发展的战略任务之一。2020 年，中央财政支持学前教育发展资金达到 188.4 亿元，比 2019 年增长 11.8%，全国幼儿园生均教育经费达到 12 954 元，比 2019 年增长 9.14%。

幼儿园数量持续增长，教育环境进一步改善。2012 年，我国农村幼儿园数量为 6.31 万所，2020 年农村幼儿园总数达到 10.14 万所，比 2019 年增长 2.80%。农村幼儿园占地约 2.03 亿平方米，比 2019 年增长 5.55%，图书超过 8 245 万册，比 2019 年增长 7.64%（图 1-1）。

图 1-1 2012—2020 年农村幼儿园数量

数据来源：中国教育统计年鉴。

师资队伍建设进一步加强。2020 年，中央财政下达中小学幼儿园教师国家级培训计划预算资金 21.84 亿元，继续支持中西部省份通过脱产研修、送教下乡培训、网络研修、访名校培训等方式加强乡村中小学幼儿园教师培训。农村幼儿园园长 7.49 万人，比 2019 年减少 0.27%，其中，本科以上学历占比 32.31%，比 2019 年增长 3.49%。从幼儿园专任教师数量看，2012 年农村幼儿园专任教师为 22.96 万人，2020 年达到 46.15 万人，增长了 1 倍多。2020 年农村幼儿园专任教师比 2019 年增长 2.91%，其中本科以上学历占比增长 2.12%（图 1-2、表 1-1、表 1-2）。

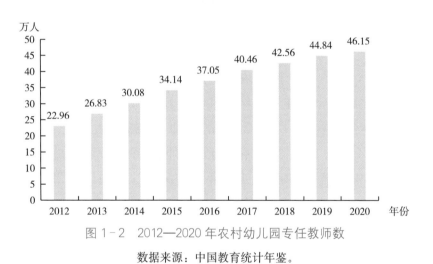

图 1-2 2012—2020 年农村幼儿园专任教师数

数据来源：中国教育统计年鉴。

表 1-1 2019—2020 年农村地区幼儿园办学情况（一）

年份	幼儿园总数（个）	幼儿园班级数（个）	占地面积（亿平方米）
2019	98 688	444 688	1.915
2020	101 447	440 740	2.026
增幅	2.80%	−0.89%	5.80%

表 1-2　2019—2020 年农村地区幼儿园办学情况（二）

年份	园长		专任教师	
	总数（人）	本科以上比例（%）	总数（人）	本科以上比例（%）
2019	75 112	28.82	448 416	15.73
2020	74 916	32.31	461 450	17.85
增幅	−0.26	3.49	2.91	2.12

数据来源：教育部统计数据。

2. 农村义务教育质量水平明显提高

2020 年，国家进一步优化配置教育资源，改善农村义务教育基本教学条件，城乡义务教育一体化加快推进。

教师资源优化配置，师生比例进一步提高。2020 年，农村义务教育阶段专任教师 219.5 万人，其中，小学 163.9 万人，初中 55.6 万人（图 1-3）。随着农村适龄学生数量不断下降，专任教师数量也随之减少，但在年龄结构和师生比等方面则呈现不断优化的趋势。从年龄结构看，25～29 岁的教师 39.88 万人，比 2019 年提高约 1.15%。农村义务教育阶段生师比持续下降，2020 年为 14.1，比 2019 年下降 0.7。近三年，中央下达特岗计划 29.5 万人，

图 1-3　2012—2020 年农村义务教育阶段专任教师数

数据来源：中国农村统计年鉴。

优先补充"三区三州"等深度贫困县村小和教学点的教师需要，乡村教师队伍质量水平显著提升。

办学条件进一步改善，教育信息化程度显著提高。全面改善农村义务教育薄弱学校办学条件，加强农村教育信息化建设。"十三五"以来，国家累计安排中央预算内投资 302.26 亿元，支持中西部贫困地区 7 100 余所学校改善教育基础设施，内容包括校舍、运动场、艰苦边远地区教师周转宿舍等，新增校舍建筑面积约 1 800 万平方米，新增运动场地建筑面积约 980 万平方米。2019—2020 年，中央财政每年安排薄弱环节改善与能力提升补助资金 293.5 亿元，支持地方统筹用于改善农村义务教育学校办学条件。与 2019 年相比，2020 年农村地区小学图书馆面积增加 0.05%，体育馆面积增加 5.10%，学生宿舍面积增加 1.47%，食堂面积增加 1.42%；初中教室面积增加 1.56%，图书馆面积增加 3.60%，体育馆面积增加 14.91%，学生宿舍面积增加 1.71%，食堂面积增加 2.59%，厕所面积增加 4.30%。2020 年农村小学体育运动场（馆）面积达标率 92.55%，比 2019 年提高 1.90%；农村初中体育运动场（馆）面积达标率 95.84%，比 2019 年提高 1.17%（图 1-4）。农村教育硬件设备和办学条件进一步改善，为农村义务教育发展提供了有力支撑。同时，工业和信息化部联合财政部组织实施 7 批电信普遍服务，推动农村及偏远地区实现网络通达，优先覆盖农村学校、卫生室、村委会等公共服务机构。中央财政通过提高义务教育学校公用经费补助水平、支持义务教育薄弱环节改善与能力提升、强化"三通两平台"建设、加强教师信息技术应用能力培训等多种方式，引导和支持地方加快补齐贫困地区义务教育短板，逐步提升农村学校信息化基础设施与应用水平。截至 2020 年底，全国中小学（含教学点）网络接入率达 100%，未联网学校实现动态清零，出口带宽 100M 以上的学校比例达 99.92%，98.35% 的中小学拥有多媒体教室，学校网络教学环境不断改善。

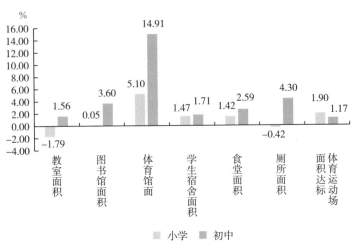

图 1-4　2020 年农村义务教育基础设施增长率

数据来源：中国农村统计年鉴。

控辍保学工作任务基本完成。控辍保学是全面发展农村义务教育的"硬骨头"。2020 年，全国多地实行"政府一条线、教育系统一条线"的双线多级包保责任制，列出任务、整改、销号、问责"四份清单"，组建控辍保学督战队，采取明察暗访方式，督促县级政府履行主体责任，有效解决辍学问题。教育部会同公安部、国务院扶贫办，运用大数据和信息化手段，建立中小学生学籍系统与国家人口信息库、全国贫困人口库比对机制，组织各地进村入校、逐人逐户开展精准摸排，在摸清辍学底数的基础上，建立控辍保学台账管理平台。截至 2020 年底，全国义务教育阶段辍学学生由台账建立之初的约 60 万人降至 682 人。其中建档立卡贫困家庭辍学学生由 20 万人全部动态清零，义务教育有保障全面实现。

城乡义务教育均衡发展加快推进。推进义务教育均衡发展，是继"两基"（基本实施九年义务教育和基本扫除青壮年文盲）攻坚任务完成后的一项重大教育民生决策，是写入《义务教育法》的重大教育目标。2020 年，全国绝大多数县义务教育基本均衡发展态势向好，99.2% 的县小学和初中校际综合差异系数保持在标准值之内。与

2019 年相比，全国农村小学初中教学及辅助用房面积、体育运动场馆面积、教学仪器设备总值、专任教师数、高于规定学历教师数，均有不同幅度的增长。2020 年，全国督导认定了青海、湖南、河南 3 个省 42 个基本均衡县。截至 2020 年底，有 22 个省份制定了省级优质均衡发展推进规划，有 20 个省份确定了试点县，形成了稳步推进的良好态势。目前，全国累计已有 26 个省份、2 809 个县实现县域义务教育基本均衡发展，占全国县数的 96.8%，其中中西部县数占比 95.3%，如期实现国务院提出的"到 2020 年全国和中西部地区实现基本均衡的县（市、区）比例均达到 95%"目标（表 1-3 至 1-6）。

表 1-3　农村小学学校基础设施情况

单位：万平方米

年份	教室	图书室	体育馆	学生宿舍	食堂	厕所
2019	11 854.15	948.54	104.67	1 964.35	1 821.84	1 286.60
2020	11 642.11	948.99	110.01	1 993.21	1 847.76	1 281.23
增幅	−1.79%	0.05%	5.10%	1.47%	1.42%	−0.42%

数据来源：教育部统计数据。

表 1-4　农村初中学校基础设施情况

单位：万平方米

年份	教室	图书室	体育馆	学生宿舍	食堂	厕所
2019	3 108.54	271.08	89.94	2 514.17	1 042.50	358.54
2020	3 156.90	280.85	103.35	2 557.12	1 069.49	373.96
增幅	1.56%	3.60%	14.91%	1.71%	2.59%	4.30%

数据来源：教育部统计数据。

表 1-5　农村小学学校办学情况

单位：%

年份	体育运动场（馆）面积达标率	师生比
2019	90.65	7.14
2020	92.55	6.68
增幅	1.9	−0.46

数据来源：教育部统计数据。

表1-6　农村初中学校办学情况

单位：%

年份	体育运动场（馆）面积达标率	师生比
2019	94.67	8.58
2020	95.84	8.72
增幅	1.17	0.14

数据来源：教育部统计数据。

3. 进城务工人员随迁子女教育继续改善

国家统计局数据显示，2020年全国农民工总量28 560万人，比2019年减少517万人，下降1.8%。对于庞大的农民工群体而言，其子女教育问题成为社会关注的焦点，国家也出台各种政策措施来保障农民工子女受教育权益。

进城务工人员随迁子女就读率进一步提高。2013—2020年，义务教育阶段在校生中进城务工人员随迁子女的数量呈现平稳增长趋势。2020年《全国教育事业发展统计公报》显示，义务教育阶段在校生中进城务工人员随迁子女有1 429.73万人，比2013年增长152.57万人。其中，在小学就读的有1 034.86万人，比2019年减少7.17万人；在初中就读的有394.88万人，比2019年增长9.95万人（图1-5）。国家统计局发布的《2020年农民工监测调查报告》数据显示，3～5岁随迁儿童入园率（含学前班）为86.1%，比2019年提高0.3个百分点。入园儿童中，28.9%在公办幼儿园，比2019年提高3.7个百分点，37.2%在普惠性民办幼儿园，比2019年提高1.5个百分点。义务教育年龄段随迁儿童的在校率为99.4%，与2019年基本持平。其中，小学年龄段随迁儿童81.5%在公办学校就读，比2019年下降1.9个百分点。12.4%在有政府资助的民办学校就读，比2019年提高0.5个百分点。初中年龄段随迁儿童87.0%在公办学校就读，比2019年提高1.8个百分点，7.1%在有政府资助的民办学校就读，比2019年下降1.7个百分点。对于义务教育阶段的随迁儿童，47.5％的农民工家长反映在城市上学面临一些问题，比 2019 年下降 3.4 个百分点。本地升学难、费用高、孩子没人照顾是农民工家长认同度最高的三个主要问题，认同率分别为 29.6％、26.4％和 21.5％。其中，对本地升学难和费用高的认同率较 2019 年分别下降了 4.6 个百分点和 2.5 个百分点，对孩子没人照顾的认同率较 2019 年提高了 6.0 个百分点。认为学校师资条件不好的农民工所占比重增加较快，比 2019 年提高 4.6 个百分点，反映了农民工对子女教育质量的期待不断提升。

图 1-5　2013—2020 年义务教育阶段进城农民工随迁子女在校生人数

数据来源：教育部统计公报。

农民工随迁子女高中教育支持力度进一步加强。2020 年，符合条件的农民工随迁子女在流入地均可享受到奖助学金、助学贷款、减免学费等政策。同时，党和国家加大政策力度，落实随迁子女异地高考工作。2020 年，全国 85.3％的义务教育阶段随迁子女在公办学校就读，25.6 万名随迁子女在流入地参加高考，比 2013 年的 4 000 多人增长了 57 倍。

（二）农村职业教育稳步发展，就业状况不断改善

2020 年，我国继续加大职业教育改革力度，不断优化职业教

育发展水平，提升农民公共就业服务质量，加大返乡创业支持力度，农村就业服务能力不断增强，农民就业状况明显改善。

1. 农民就业服务水平不断提升

按照《人力资源和社会保障部关于开展 2020 年全国公共就业服务专项活动的通知》（人社部函〔2019〕168 号）要求，2020 年，全国各地聚焦农村劳动者就业服务需求，全面落实免费服务、信息服务、就业失业登记、就业援助、专项服务等制度，城乡就业服务均等化水平进一步提升。为应对新冠肺炎疫情影响，人力资源社会保障部会同有关部门开展农民工返岗复工"点对点"服务保障工作。疫情期间，通过组织专车、专列、包机运输服务，有力助推复工复产和经济社会平稳运行。同时，依托覆盖城乡的公共就业服务体系，国家有关部门广泛收集和印发求职和招聘信息，重点开展线上"春风行动"和"百日千万网络招聘专项行动"，专设农民工、贫困劳动力网络招聘专区，推广远程招工、视频招聘等模式，促进人岗匹配，提升就业服务精准度。2020 年，人力资源社会保障部累计举办线上招聘会 14 392 场，组织 208 万家企业印发岗位需求信息材料 2 761 万人次。

2. 职业教育教学质量不断提高

2020 年，我国继续加大对职业教育的投入力度，安排资金 257 亿元用于支持职业教育发展，比 2019 年增长 8.4%。教育部会同国家发展改革委安排中央预算支持职业教育产教融合，重点加强高职院校等产教融合实训基地建设，改善基本办学条件和实习实训条件。2020 年，国家安排职业教育产教融合工程专项资金 66.5 亿元，支持建设 195 个产教融合实训基地、43 个公共实训基地。2020 年，教育部继续支持全国县级职教中心联盟开展活动，通过现场观摩、交流信息、邀请专家和县委书记、县长讲座等形式，推出先进经验和典型。这些活动对于明确县级职教中心和县域各类职业学校的定位，促进县域职业教育体制机制创新起到重要推动作

用。同时，国家继续出台政策支持开展相关职业技能培训。《2020年度人力资源和社会保障事业发展统计公报》显示，全年共组织补贴性职业培训 2 700.5 万人次和以工代训 2 209.6 万人次，其中，培训农民工 1 046.6 万人次，培训贫困劳动力 270.4 万人次，培训城镇登记失业人员 80.5 万人次，培训高校应届毕业生 109.8 万人次。

3. 返乡创业支持力度不断加大

2020 年，人力资源社会保障部、农业农村部等部门持续加大对返乡入乡创业的政策扶持力度，积极搭建创业平台，强化管理服务，取得了明显成效。一是推动出台返乡入乡创新创业政策。有关部门先后印发《关于推动返乡入乡创业高质量发展的意见》（发改就业〔2020〕104 号）、《关于深入实施农村创新创业带头人培育行动的意见》（农产发〔2020〕3 号）等，进一步完善政策体系，优化返乡入乡人员发展环境，引导人才到基层一线干事创业。二是搭建返乡入乡创新创业平台。支持各地建设一批农村创新创业园区（基地）、农民工创业园、创业孵化基地等创业载体，为返乡入乡创业人员提供场地支持、开业指导、管理咨询、技术创新、事务代理等综合服务。同时，相关政策提出将有培训需求的返乡入乡创业人员全部纳入创业培训范围，符合条件的返乡入乡创业农民工等人员可申请最高 20 万元的创业担保贷款，并由财政给予全额贴息，对首次创办小微企业或从事个体经营并正常经营 1 年以上的，给予一次性创业补贴。三是加大返乡入乡创业人才培育力度。在农村创业创新园区内，充分发挥创业创新服务员和辅导员作用，加强创业培训指导，助力返乡入乡人才快速成长。

4. 职业能力培训方式不断丰富

2020 年，人力资源社会保障部会同财政部印发《关于实施职业技能提升行动"互联网＋职业技能培训计划"的通知》（人社部发〔2020〕10 号），明确 2020—2021 年线上技能培训的目标任务和支持政策。"互联网＋职业技能培训计划"实施以来，相关部门积极开展"百日免费线上技能培训行动"，利用华为、腾讯、京东等54家优质社会线上培训平台以及"中国职业培训在线"等部属6个培训平台，推出覆盖100个以上职业（工种）的数字培训资源。截至2020年6月底，"百日免费线上技能培训行动"实名注册人数超过1 300万人次，开展线上培训1 200万人次。线上技能培训有力地推动了劳动力职业技能提升，对稳就业促就业和企业复工复产发挥了积极作用。商务部依托互联网实施了一系列专项行动，加大电商人才培养力度，推动阿里巴巴等电商企业建立内部培训机制并对外提供服务，专门搭建在线学习平台，向劳动者提供电商专业知识和实操技能培训。

（三）医疗卫生水平不断提高，健康状况持续改善

2020年，各地各部门持续加大农村医疗卫生事业投入，健全农村医疗卫生服务体系，加强医疗卫生人才队伍建设，改善农村医疗卫生服务，农民健康水平不断提高。

1. 农村医疗卫生服务体系基本健全

农村医疗卫生服务体系建设作为一项重要的民生工程，关系到5亿多农村居民的健康福祉。截至2020年底，全国共有县级医院16 804所，比2019年增加3.7％；县级妇幼保健机构1 887所，与2019年基本持平；县级疾病预防控制中心2 025所，与2019年基本持平；县级卫生监督所1 770所，比2019年增加2.7％。四类县级卫生机构共有卫生人员336.4万人，比2019年增加4.2％。2020年，全国3万个乡镇共设3.6万个乡镇卫生院，床位139万张，卫生人员148.1万人（其中卫生技术人员126.7万人）。与2019年比较，乡镇卫生院减少350个（乡镇撤并后卫生院合并），床位增加2.0万张，人员增加3.6万人。每千农村人口乡镇卫生院床位达1.52张，每千农村人口乡镇卫生院人员达1.62人，延续了自2016年以来稳步提升的趋势（图1-6、图1-7）。

图1-6 2012—2020年我国乡镇卫生院床位数

数据来源：中国卫生健康统计年鉴。

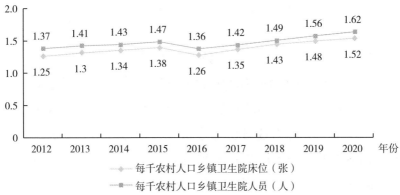

图1-7 2012—2020年每千农村人口乡镇卫生院床位数与人员数

数据来源：中国卫生健康统计年鉴。

截至2020年底，提供中医服务的社区卫生服务中心占同类机构的99%，社区卫生服务站占90.6%、乡镇卫生院占98%、村卫生室占74.5%，有效补充了农村疾病防治体系（表1-7）。

表1-7 2013—2020年提供中医服务的基层医疗卫生机构

占同类机构的比重　　　　　　　　　　　　　　　单位：%

年份	2013	2014	2015	2016	2017	2018	2019	2020
乡镇卫生院	63.6	64.9	93.0	94.3	96.0	97.0	97.1	98.0
村卫生室	33.6	34.4	60.3	62.8	66.4	69.0	71.3	74.5

数据来源：卫生事业发展统计公报。

2. 农村医疗卫生服务效果显著改善

2020年，国家持续加大对农村医疗卫生服务的投入，不断充实农村医疗人才队伍，农村医疗服务能力进一步提升。

农村医疗人才队伍进一步优化。截至2020年底，全国50.9万个行政村共设有60.88万个村卫生室。村卫生室人员144.2万人（图1-8），其中执业（助理）医师46.5万人、注册护士18.5万人、乡村医生和卫生员79.1万人，平均每村卫生室人员2.37人。与2019年比较，乡村医生和卫生员比2019年减少约5万人，执业（助力）医师数增加约3万人，注册护士数增加1.7万人，平均每村卫生室人员数略有增加。乡镇卫生人员数呈缓慢增加趋势，2020年为148.1万人，较2019年增加3.6万人（图1-9）；2020年每千人农村人口乡镇卫生院床位数和卫生人员数分别为1.52张和1.62人，较2019年分别增加0.04张和0.06人。总的看，随着城镇化不断推进，农村人口不断减少，行政村、乡镇的数量均逐步减少，农村医疗卫生机构数量也随之减少。但是，农村医疗卫生软硬件设施不断改善，服务能力不断增强，医疗人才队伍不断优化，服务农村居民的能力进一步提高。

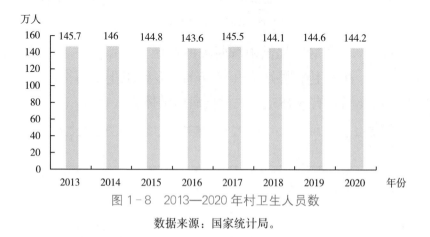

图1-8 2013—2020年村卫生人员数

数据来源：国家统计局。

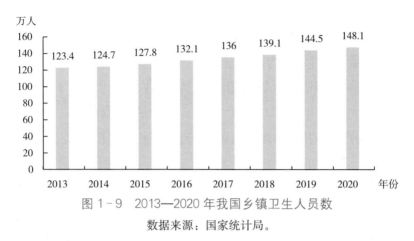

图 1 - 9 2013—2020 年我国乡镇卫生人员数

数据来源：国家统计局。

农村医疗卫生服务能力稳步提升。受新冠肺炎疫情影响，2020
年农村基层医疗服务量相比 2019 年有较大幅度减少，但总的看，
农村基层医疗服务能力稳步提升。2020 年，乡镇卫生院数由 2019
年的 3.61 万个减少到约 3.58 万个，但床位数由 2019 年的 137 万
个增加到 139 万个；乡镇卫生院和社区卫生服务中心（站）门诊量
占门诊总量的 23.9%，比 2019 年上升 0.6 个百分点；乡镇医师日
均担负诊疗 8.5 人次和住院 1.3 床日，比 2019 年分别减少 0.9 人
次和 0.2 床日，出院者平均住院日 6.6 日，比 2019 年延长 0.1 日。
2020 年，乡镇卫生院次均门诊费用为 84.7 元（图 1 - 10），按当年

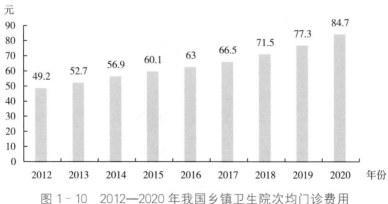

图 1 - 10 2012—2020 年我国乡镇卫生院次均门诊费用

数据来源：中国卫生健康事业发展统计公报。

价格比 2019 年上涨 9.6%，按可比价格上涨 6.9%。人均住院费用 2 083 元，按当年价格比 2019 年上涨 5.8%，按可比价格上涨 3.2%。乡镇卫生院次均门诊药费（51.8 元）占 61.2%，比 2019 年（59.8%）上升 1.4 个百分点。人均住院药费（731.2 元）占 35.1%，比 2019 年（38.5%）下降 3.4 个百分点。

县域医疗机构服务能力显著提升。国家卫生健康委公布数据显示，"十三五"期间，全国有 567 个县推进县域医疗共同体建设，截至 2020 年底，全国已建成县域医疗共同体近 4 000 个，县域内就诊率达到 94%，"大病不出县"目标基本实现。从医院收支和医疗服务情况看，2013—2019 年，县级市属医院平均每所医院总收入由 2013 年的 14 130.70 万元提高到 2019 年的 27 552.10 万元，六年间提高 95.0%；县级市属医院平均每所医院总支出由 2013 年的 13 575.90 万元提高至 2019 年的 26 271.70 万元，6 年间提高 93.5%；县级市属医院医师日均担负诊疗人次由 2013 年的 7.90 次提高至 2019 年的 8.30 次，6 年间提高 5.1%（表 1-8）。

表 1-8　2013—2019 年县级市属医院医疗服务情况

年份	平均每所医院总收入（万元）	平均每所医院总支出（万元）	医师日均担负医疗人次
2013	14 130.70	13 575.90	7.90
2014	16 056.20	15 457.20	8.20
2015	17 825.90	17 408.70	8.10
2016	19 698.60	19 294.10	8.20
2017	22 143.60	21 890.50	8.10
2018	24 133.20	23 784.90	8.00
2019	27 552.10	26 271.70	8.30

数据来源：中国卫生健康统计年鉴。

3. 城乡基本医疗保障制度持续完善

医疗待遇保障机制不断健全。2020 年 6 月，国家医疗保障局

会同财政部、国家税务总局印发《关于做好 2020 年城乡居民基本医疗保障工作的通知》（医保发〔2020〕24 号）提出，要完善统一的城乡居民基本医疗保险制度和大病保险制度。2020 年，国家主要从三个方面健全医疗待遇保障机制：一是发挥居民医保全面实现城乡统筹的制度红利，政策范围内住院费用总体保障水平达到 70％，全面落实高血压、糖尿病门诊用药保障机制等。二是巩固大病保险保障水平，全面落实降低起付线并统一至居民人均可支配收入的一半，政策范围内支付比例提高到 60％，鼓励有条件的地区探索取消封顶线。三是发挥医疗救助托底保障作用。分类资助特困人员、低保对象、农村建档立卡贫困人口参加居民医保，确保困难群众"应保尽保"。截至 2020 年底，城乡居民基本医疗保险和大病保险在 2019 年全面实现城乡统筹的基础上进一步优化和完善，城乡居民享有更加公平的医保权益和更加优越的保障水平。

基本医疗保险补助标准逐年增加。2020 年，城乡居民基本医疗保险人均财政补助标准提高 30 元，达到每人每年不低于 550 元，个人缴费标准同步提高 30 元，达到每人每年 280 元。《2020 年全国医疗保障事业发展统计公报》显示，2020 年参加城乡居民医保人数达 10.16 亿人。居民医保政策范围内住院费用报销水平提高到 70％以上。

医疗救助和医保扶贫成效明显。2020 年，国家继续落实医保精准扶贫任务，充分发挥基本医保、大病保险、医疗救助三重保障功能，着力解决流动贫困人口断保、漏保问题。大病保险对贫困人口实施倾斜支付，起付线降低 50％，支付比例提高 5 个百分点，全面取消建档立卡贫困人口大病保险封顶线。2020 年，全国医疗救助基金支出 546.84 亿元，资助参加基本医疗保险 9 984 万人，实施门诊和住院救助 8 404 万人次，全国平均次均住院救助、门诊救助分别为 1 056 元、93 元。2020 年，中央财政共下达医疗救助补助资金 320.1 亿元，支持各地资助符合条件的困难群众参加城乡居民医保，并对其难以负担的基本医疗自付费用给予补助，开展疾病应急救助等。其中，安排 40 亿元专门用于支持深度贫困地区提高农村贫困人口医疗保障水平，发挥医疗保障托底作用，并重点向"三区三州"倾斜。2018 年以来各项医保扶贫政策累计惠及贫困人口就医 5.3 亿人次，助力近 1 000 万户因病致贫家庭精准脱贫。2020 年全国农村建档立卡贫困人口参保率稳定在 99.9％以上。

4. 公共卫生服务取得积极进展

截至 2020 年底，全国医疗卫生机构总数达 1 022 922 个，比 2019 年增加 15 377 个。其中医院 35 394 个，基层医疗卫生机构 970 036 个，专业公共卫生机构 14 492 个。与 2019 年相比，医院增加 1 040 个，基层医疗卫生机构增加 15 646 个。全国妇幼卫生监测数据显示，2020 年全国孕产妇死亡率为 16.9/10 万，其中城市为 14.1/10 万，农村为 18.5/10 万。与 2019 年相比，全国孕产妇死亡率有所下降。5 岁以下儿童死亡率为 7.5‰，其中城市为 4.4‰，农村为 8.9‰；婴儿死亡率为 5.4‰，其中城市为 3.6‰，农村为 6.2‰。与 2019 年相比，5 岁以下儿童死亡率、婴儿死亡率均有不同程度的下降。

（四）社会保障体系日益完善，待遇水平稳步提高

2020 年，国家加快健全基本养老保险、基本医疗保险制度，失业保险保生活、防失业、促就业"三位一体"功能更加完善，工伤保险改革进一步深化，农村社会保障水平稳步提高。

1. 农村养老服务体系不断健全

农村养老服务设施建设力度不断加强。2019 年以来，民政部会同国家发展改革委、财政部实施为期三年的农村敬老院改造提升工程，重点支持各地改善农村养老服务设施条件，完善失能照护设备配置，推动形成布局科学、配置均衡、服务完善的农村养老服务设施网络。同时，针对管理服务方面存在的问题作出相应措施安

排，着力改善敬老院管理服务质量，为全面打赢脱贫攻坚战发挥兜底保障作用。截至 2020 年底，全国共登记敬老院 1.7 万家，床位 174 万张，为农村特困老年人在机构养老提供了必要条件。民政部指导各地将农村养老服务纳入三农工作和乡村振兴战略重点推进范围，发挥基层党支部战斗堡垒作用，以党建引领农村互助养老服务发展。截至 2020 年底，全国建有各类农村互助养老服务设施 13.3 万个，为广泛开展农村互助养老服务提供了平台。农业农村部持续巩固拓展脱贫攻坚成果，接续推进脱贫地区乡村振兴，研究推动将发展农村养老服务有关内容纳入《"十四五"推进农业农村现代化规划》，不断加强乡村公共基础设施建设，着力推进往村覆盖、往户延伸，切实服务广大农村老年人。

农村养老服务供给能力不断提升。"十三五"以来，民政部联合国家发展改革委组织实施社会服务兜底工程，进一步加大政策支持力度，累计安排中央预算内投资超过 149 亿元，重点支持农村敬老院等设施建设改造；会同财政部开展中央财政支持的居家和社区养老服务改革试点工作，每年投入 10 亿元用于推进包括农村居家养老服务在内的居家社区养老服务试点。目前，初步形成了以家庭赡养为基础、养老机构和互助养老服务设施为依托、乡镇敬老院托底的农村养老服务供给格局。2020 年，民政部、住房城乡建设部等部门协同配合，共同部署全国养老院服务质量建设专项行动工作，聚焦补齐农村养老短板，继续推进敬老院法人登记工作，有序推进生活不能自理并有集中供养需求特困人员应养尽养。

2. 农村社会保障待遇水平不断提高

城乡居民基本养老保险服务是实现"老有所养，老有所依"的重要保障。2020 年，党和国家不断完善农村社会保障制度，农民群众切身利益进一步维护，农民获得感、幸福感和安全感不断提高。

农村贫困人口基本养老保险实现应保尽保。2020 年，全国共为 2 435 万建档立卡贫困人口、1 421 万低保对象及特困人员等贫困群体代缴城乡居民养老保险费近 43 亿元，为 3 014 万贫困老人发放养老保险待遇，共有 6 870 万贫困人口从中受益。全国 6 098万符合条件的建档立卡贫困人员参加基本养老保险，稳步实现贫困人员基本养老保险"应保尽保"。

农村老年人生活保障体系不断健全。 2020 年，国家继续健全完善老年人福利补贴制度，不断提升农村老年人生活质量。截至2020 年底，全国 3 104.4 万老年人享受高龄补贴，81.3 万老年人享受护理补贴，535.0 万老年人享受养老服务补贴，132.9 万老年人享受综合老龄补贴。民政部贯彻落实《社会救助暂行办法》，将符合条件的 1 338.6 万农村困难老年人及时纳入最低生活保障范围，388 万特困老年人纳入政府供养范围，初步形成了老年人社会救助、老年人福利补贴和农村特困人员供养等相衔接、广覆盖、可持续的农村老年人生活保障体系。国家建立了统一的城乡居民基本养老保险制度。截至 2020 年底，全国已有 5.42 亿人参保，3 014万贫困老年人领取待遇，基本实现应保尽保（图 1-11）。

图 1-11　2015—2020 年我国城乡居民基本养老保险参保人数

数据来源：国家统计局。

实现基本养老保险全国统筹的基础更加扎实。 目前，我国已初步构建起以基本养老保险为基础、以企业（职业）年金为补充、与个人储蓄性养老保险和商业养老保险相衔接的"三支柱"养老保险体系。第一支柱即基本养老保险制度，由国家、单位和个人共同负担，坚持全覆盖、保基本。截至 2020 年底，职工基本养老保险参保人数 4.56 亿人（其中领取待遇人数 1.28 亿人），积累基金 4.85 万亿元。城乡居民基本养老保险参保人数 5.42 亿人（其中实际领取待遇人数 1.61 亿人），积累基金 9 837 亿元。第二支柱为企业（职业）年金制度，由单位和个人共同负担，实行完全积累、市场化运营。截至 2020 年底，全国参加企业（职业）年金 6 953 万人，积累基金 3.6 万亿元。第三支柱即个人储蓄性养老保险和商业养老保险。2020 年我国个人储蓄性养老保险和商业保险余额持续增加，成为基本养老保险、企业年金等的有效补充。

3. 社会救助体系兜底能力进一步强化

低保投入持续增加，标准稳步提高。 截至 2020 年底，我国共有低保对象 4 426 万人，其中农村低保对象 3 621 万人，较 2019 年的 3 456 万人增加 4.8%（图 1-12）。2013—2020 年，我国农村低保对象共减少 1 767 万人。2020 年我国农村低保平均标准达 5 962 元/（人·年），较 2019 年增加了 626 元/（人·年），同比增长 11.7%。其中，2020 年上海市农村低保平均标准为 14 880 元/（人·年），居全国最高水平。北京市农村低保平均标准为 14 040 元/

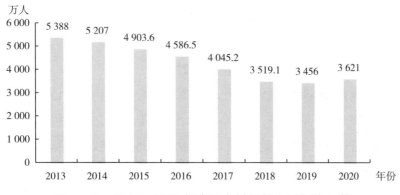

图 1-12 2013—2020 年我国农村最低生活保障人数

数据来源：中国民政统计年鉴。

（人·年），天津市农村低保平均标准为 12 120 元/（人·年）。

社会救助水平不断提高。 截至 2020 年底，全国有 1 936 万建档立卡贫困人口纳入救助保障范围（贫困地区农村居民人均可支配收入见图 1-13）。城乡特困人员基本生活标准分别达到每人每年 10 775 元和 8 230 元，同比增长 11.4％和 12.8％。2020 年，中国共有 24.76 万事实无人抚养儿童首次纳入国家保障，集中养育孤儿和社会散居孤儿保障标准分别达到人均每月 1 567.2 元和 1 140 元，同比增长 6.6％和 8.6％。同时，困难残疾人生活补贴和重度残疾人护理补贴分别惠及 1 152.9 万人和 1 432.7 万人。此外，民政部会同国务院扶贫办实施社会救助兜底脱贫行动，仅 2020 年就重点排查 361 万贫困人口，新纳入兜底保障 109 万人。

图 1-13 2013—2020 年贫困地区农村居民人均可支配收入

数据来源：国家统计局。

4. 残疾人社会保障与服务不断改进

残疾人托养服务能力提升。 2020 年底，我国建档立卡贫困残疾人已经实现全面脱贫。2020 年，由于爆发新冠肺炎疫情，我国残疾人托管服务受到一定影响，但随着各地残疾人保障政策陆续出台，我国残疾人社会保障事业整体仍向好发展。一是残疾人社会养老保险参与人数波动上升。截至 2020 年底，我国残疾居民参加城乡社会养老保险人数达 2 699.2 万。全国 680.1 万 60 岁以下参保重度残疾人中，657.9 万享受了参保个人缴费资助政策，占比 96.7％。全国 303.7 万非重度残疾人享受了个人缴费资助政策。二是残疾人帮扶力度进一步加大。2020 年，中央财政继续实施"福康工程"，聚焦欠发达地区，为残疾人免费配置假肢和矫形器等辅具，筛选肢体畸形患者免费进行手术矫治、康复训练和配置术后矫形器等。三是残疾人托养服务体系不断健全。2020 年我国残疾人托养服务机构数量为 8 370 个，相比 2019 年稍有所下降，但托养体系不断健全，托养服务能力不断增强。根据中国残疾人联合会提供的数据，2020 年我国寄宿制托养服务机构数量达 1 945 个，日间照料机构 3 615 个，综合性托养服务机构 1 369 个，为 11.7 万残疾人提供了托养服务。"十三五"期间，各地按照国家加快推进残疾人小康进程的总体规划，以推动建立健全残疾人托养服务基本制度为核心，不断完善残疾人托养服务补贴、购买服务、评估监管和人才培养等制度，加强残疾人托养服务标准化体系建设，积极培育社会力量发展残疾人托养服务，为城乡残疾人提供托养服务的能力不断提升。四是相关管理人员接受专业培训人数上升。2020 年，我国共有 3.6 万名托养服务管理和服务人员接受了各级各类专业培训。

各地进一步加大残疾人"两项补贴"投入力度。2020 年，福建省将困难残疾人生活补贴标准从每人每月 70 元提高到 80 元，并提高了重度残疾人护理补贴标准：一级护理从每人每月 110 元提高到 115 元，二级护理从每人每月 60 元提高到 85 元。为确保相关补助不因物价因素而降低保障水平，福建省还建立了补助标准动态调整机制。江苏省的困难残疾人生活补贴标准同样随着低保标准进行动态调整，低保家庭内的重度残疾人按照当地低保标准 30％～40％发放生活补贴，低保家庭内的非重度残疾人按照当地低保标准 25％发放生活补贴。低保家庭外的无固定收入智力、肢体、精神、盲视力重度残疾人按照当地低保标准 100％发放生活补贴，家庭人均收入在当地低保标准 2 倍以内一户多残、依老养残特殊困难残疾人按照不低于当地低保标准 60% 发放生活补贴。

5. 农民工公共服务水平明显改善

农民工社会融合度提升。国家统计局公布的《2020 年农民工监测调查报告》显示，进城农民工对所在城市的归属感和适应度不断增强。进城农民工中 41.4% 认为自己是所居住城市的"本地人"，比 2019 年提高 1.4 个百分点。从进城农民工对本地生活的适应情况看，83.3% 表示对本地生活非常适应和比较适应，其中，23.8% 表示非常适应，比 2019 年提高 3 个百分点，仅有 1.2% 表示不太适应和非常不适应。进城农民工在不同规模城市生活的归属感较上年均有提高，其中城市规模越小，农民工对所在城市的归属感越强。在 100 万～300 万人城市农民工归属感提高最多，在 50 万人以下城市农民工对本地生活非常适应的比重提高最多。从进城农民工对业余生活的满意度看，60.5% 表示对业余生活非常满意和比较满意，比 2019 年提高 7.6 个百分点，36.1% 表示一般，比 2019 年下降 6.2 个百分点，3.4% 表示不太满意和非常不满意，比 2019 年下降 1.4 个百分点。

农民工居住状况改善。《2020 年农民工监测调查报告》显示，农民工人均居住面积不断提高。2020 年进城农民工人均居住面积达到 21.5 平方米，比 2019 年提高 1.1 平方米，不同规模城市的农民工人均居住面积均有增加。分城市规模看，农民工所在城市规模越小，人均居住面积越高。2020 年，进城农民工在 500 万人以上城市居住的人均居住面积为 16.9 平方米，在 500 万人以下城市居住的人均居住面积均超过 20 平方米。从居住和生活设施情况看，进城农民工户中，居住住房中有电冰箱的占 67.0%，比 2019 年提高 1.3 个百分点；有洗衣机的占 68.1%，比 2019 年提高 2.0 个百分点；有洗澡设施的占 85.4%，比 2019 年提高 1.7 个百分点；有独立厕所的占 71.5%，比 2019 年提高 1.9 个百分点；能上网的占 94.8%，与 2019 年持平。拥有汽车（包括经营用车）的进城农民工户占 30.8%，比 2019 年提高 2.6 个百分点。

（五）农村文化体育事业繁荣发展

2020 年，我国农村公共文化和体育事业呈现蓬勃发展的态势，现代公共文化服务体系更加健全，农村公共文化服务供给更加多元化，农村体育设施不断完善。

近年来，随着生活水平和收入的不断提高，我国农村居民在教育、文化和娱乐活动等方面的支出总体保持增长趋势。受新冠肺炎疫情影响，2020 年农村居民人均教育、文化和娱乐支出为 1 309 元，比 2019 年下降 172.8 元，同比下降 11.7%，但较 2014 年增加 52.3%（图 1-14）。农村居民家庭恩格尔系数在 2014—2019 年期间稳步下降，在 2020 年有所上升，达到 32.7%，但较 2014 年仍下降了 5.1 个百分点，总体呈下降趋势，农村居民生活水平提升明显（图 1-15）。

图 1-14　2014—2020 年我国农村居民人均教育、文化和娱乐支出

数据来源：国家统计局。

1. 公共文体设施建设高水平推进

基层综合性文化服务中心建设进一步加快。 2020 年，全国文化和旅游事业费中，县及县以下文化和旅游事业费 587.28 亿元，占比 54.0%，比 2019 年提高 2.5 个百分点。截至 2020 年底，全国有 2 846 个县（市、区）出台公共文化服务目录，575 384 个行政村（社区）建成综合性文化服务中心，2 578 个县（市、区）建成

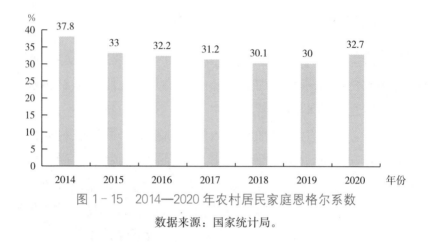

图 1-15　2014—2020 年农村居民家庭恩格尔系数

数据来源：国家统计局。

文化馆总分馆制，2 397 个县（市、区）建成图书馆总分馆制。

实施文化惠民等工程。为 2.3 万个村文化活动室配置基本文化服务设备，为 1.2 万个乡镇配送以戏曲为主的演出约 7.8 万场，为 200 个基层国有院团更新流动舞台车，开展广场舞展演等群众文化活动和"村晚"等民俗节庆活动，切实保障人民群众文化权益。

广播电视基础设施建设不断加强。广播电视无线发射台站基础设施建设、贫困地区县级广播电视播出机构制播能力建设、中央广播电视节目无线覆盖、贫困地区民族自治州所辖县村综合文化服务中心广播器材配置等工程，不断满足人民群众收听收看高质量广播电视节目需要。截至 2020 年底，全国广播节目综合人口覆盖率达到 99.38%，比 2019 年提高 0.25 个百分点，电视节目人口覆盖率 99.59%，比 2019 年提高 0.2 个百分点。农村广播节目综合人口覆盖率 99.17%，农村电视节目综合人口覆盖率 99.45%，分别比 2019 年提高 0.33 个百分点和 0.26 个百分点。农村有线广播电视实际用户数达 0.71 亿，在有线广播电视网络未通达的农村地区直播卫星用户 1.47 亿，同比增长 2.80%，农村广播电视网络基础设施持续改善。农村地区具备高清机顶盒的直播卫星用户已能收看 25 套高清节目。

广播电视公共服务内容供给不断增加。《2020 年全国广播电视行业统计公报》显示，2020 年全国农村广播节目制作时间为 139 万小时，同比增长 8.02％，占广播节目制作总时长的 16.93％。播出时间 459.26 万小时，同比增长 1.69％，占公共广播节目播出总时长的 29.05％。农村电视节目制作时间 71.38 万小时，同比增长 5.59％，占电视节目制作总时长的 21.75％。播出时间 452.02 万小时，同比增长 6.40％，占公共电视节目播出总时长的 22.73％。

应急广播体系不断健全完善。全国各地积极推进应急广播体系建设，截至 2020 年底，全国累计已建成县级应急广播平台 1 000 多个、村级应急广播站 26.4 万个，已部署应急广播终端 139 万个。应急广播在助力打赢疫情防控阻击战、战胜洪涝灾害、决胜脱贫攻坚战等方面发挥了独特作用。尤其是新冠疫情防控期间，全国应急广播体系调动覆盖 20.6 万个行政村的 135 万个终端，将疫情防控宣传下沉到"最后一公里"。

农村体育设施建设力度不断增强。2020 年，我国以行政村为主要对象，继续推动实施"农民体育健身工程"。国家体育总局会同有关部门投入专项资金 2 亿元，支持尚无健身设施的 4 000 个行政村建设篮球场、乒乓球台、室外健身器材等。"十三五"期间共支持地方维修改造农民体育健身工程项目数约 3 万个，维修改造体育场地面积约 1 600 万平方米，配置体育器材约 26 万件。从地方实践看，宁夏体育部门主动将体育改革发展融入脱贫攻坚工作，2020 年安排专项资金 410 万元提档升级村级农民体育健身工程 82 个。2020 年底，浙江共建成 1 015 个百姓健身房，33 个省级全民健身活动中心，1 087 个社区多功能运动场，798 个乡镇（街道）全民健身中心、中心村全民健身广场。广西筹措约 3.8 亿元建设和补助资金，支持建设 156 个村（屯）篮球场、72 套健身路径、43 条健身步道、217 块社会足球场地设施等 524 个（套）健身场地和健身设施。总的看，各地积极推进农民体育健身工程与社会主义新农村建设、城镇化建设、农村绿化美化等相结合，带动村镇的整体规划建设，改善了村容村貌和农村生产生活环境，提升了农村基本公共体育服务水平，缩小了城乡在基本公共体育服务方面的差距。截至2020年底，我国人均体育场地面积达到1.8平方米，基本建成覆盖全社会的全民健身组织网络。

专栏六

全面助力脱贫攻坚 智慧广电专项扶贫成果丰硕[①]

2020年是脱贫攻坚战收官之年。为进一步发挥广播电视和网络视听行业在打赢脱贫攻坚战中的重要作用，努力克服疫情影响，确保如期完成脱贫攻坚任务，广电总局部署全行业开展智慧广电专项扶贫行动。行动开展以来，全国广播电视行业深入贯彻落实习近平总书记关于扶贫工作的重要论述，始终把服务脱贫攻坚作为重大政治任务和第一民生工程，充分发挥行业特点优势，统筹行业资源力量，多措并举、凝心聚力，全面助力决战决胜脱贫攻坚，取得了显著成效。

一、重点惠民工程成效显著，公共服务体系不断完善

全国广播电视系统持续推进广播电视公共服务体系建设，深入实施中央广播电视节目无线覆盖工程、直播卫星公共服务户户通、广播电视无线发射台站基础设施建设、贫困地区县级广播电视播出机构制播能力建设等广播电视重点惠民工程建设，广播电视基础设施和服务能力不断完善，基本实现由广播电视村村通向数字广播电视户户通升级，基本形成覆盖城乡、便捷高效、功能完备、服务到户的新型广播电视覆盖服务体系。

[①] 专栏内容来源于国家乡村振兴局网站，http://www.cpad.gov.cn/art/2021/2/24/art_22_187388.html，2021年2月24日。

2020年底，全国广播、电视节目综合人口覆盖率分别是99.38%和99.59%，直播卫星有效覆盖全国59.5万个行政村1.43亿用户，804个符合条件的国家级扶贫重点县和集中连片特殊困难县广播电视台制播条件得到明显改善，农村地区群众广播电视基本公共服务权益得到有效保障。内蒙古实施广电网络进村入户工程、高清内蒙古工程、牧区"智慧广电"宽带网络覆盖与服务工程，并建成全国最长的微波线路。黑龙江投资20亿元基本完成了有线电视网络的双向化改造，覆盖了全省100%的乡镇。湖南10万户"户户通"建设任务全部完成。广西"壮美广西·智慧广电"工程向纵深发展，全区广播电视有线、无线、直播卫星覆盖率达到99.9%，所有行政村广电光缆实现了"村村通"。福建省15座高山无线发射台站基础设施建设任务圆满完成。重庆有线扎实推进"村村通·户户看"，并完成三期云服务能力平台建设。贵州积极推进"广电云"户户用工程建设、易地扶贫安置区"广电云"信号覆盖开通等重点工程建设、民族地区行政村广播器材配置工作。云南直播卫星户户通工程解决了全省农村地区1 102万用户听广播看电视难的问题，中央广播电视节目无线数字化覆盖工程惠及全省城乡人口密集地区所有广播电视用户。西藏加快边境小康村广播电视覆盖建设和极高海拔生态搬迁安置区广播电视覆盖建设。

二、加强内容供给，丰富贫困地区群众精神文化生活

广电总局贯彻落实国家基本公共服务标准，坚持传输覆盖和内容建设并重，着力加强少数民族语言节目、高质量广播电视节目供给，贫困地区广播电视公共服务均等化取得实效。总局向新疆、西藏、青海、四川、吉林五省（区）少数民族地区捐赠1 700集电视剧、18 000分钟电视动画片供译制播出，缓解少数民族语节目片源短缺问题；向全国52个脱贫攻坚挂牌督战县和吉林等 6 省 20 个贫困县（市、区）免费提供一批脱贫攻坚主题主线的优质电视剧、节目及短视频，丰富贫困地区群众精神文化生活。天津免收全市数字电视用户基本收视费，并针对特抚家庭减免收视费用。江西、山东采取有效措施，解决了广大边远农村地区和建档立卡贫苦户收听收看广播电视的困难。四川通过智慧广电试验区建设加大高质量节目供给，贫困地区节目全部实现了高清化。青海开展"助力脱贫攻坚、优质节目下基层"公益捐播活动，并向甘肃、四川等周边省群众免费提供影视译制节目。

三、发挥应急广播系统优势，助力打赢脱贫攻坚战

总局采取有力措施加快深度贫困县应急广播体系建设步伐，落实中央财政资金帮助河北、西藏、青海、新疆等 23 个省（区、市）442 个深度贫困县实施应急广播建设，为 3.2 万个贫困地区行政村配置广播器材。在 2020 年的新冠肺炎疫情防控阻击战和抗洪救灾中，应急广播充分发挥了信息传播面广、传播速度快、连接田间地头、直接进村入户的优势，在防止群众因病因灾致贫返贫、坚决打赢脱贫攻坚战方面作出了积极贡献。据不完全统计，在疫情防控宣传中，全国各省区市 6 182 个乡镇、近 10.5 万个行政村（社区）共使用 127.2 万只广播音箱、高音喇叭和音柱等农村应急广播设备，覆盖人口近 2 亿，有效实现基层"最后一公里"的覆盖。安徽、湖南、河南、福建、四川、江西、陕西等省充分发挥应急广播"启动快、频次高、方式活、效果好"的特点，精心设计宣讲内容与形式，让基层群众"听得懂、记得住、用得上"，在防疫科普、信息公开等方面发挥了"硬核"作用，助力打赢脱贫攻坚战。

2. 农村文化体育活动丰富多彩

基层文化工作队伍不断壮大。 2020 年，由文化和旅游部组织开展的全国"乡村春晚"集中展演暨网络联动活动覆盖全国 24 个省（区、市），线上参与人次达 1 320.5 万。由中央宣传部、农业农村部共同组织开展的以"耕读传家兴文化　脱贫攻坚小康年"为主题的 2020"新时代乡村阅读季"活动，带动 190 多万农民群众参与数字化阅读，约 1.6 亿人次通过多种方式参与线上阅读推广活动，培育了乡村阅读新风尚。由农业农村部组织开展的全国农民"小康美景手机拍"摄影作品征集活动累计征集 28 000 多幅农民摄影作品，记录了小康路上农业农村农民的时代新貌，受到社会广泛关注。由农业农村部组织开展的"县乡长说唱移风易俗"活动，以各地最具特色的曲艺形式作为载体，开展移风易俗宣传教育，现场展演直播浏览量达 2 000 多万次，农民群众喜闻乐见、入心入脑。

2020 年，全国各地开展了形式多样的群众性体育赛事及全民健身活动，带动了农村体育事业的发展。2020 年农业农村部相继开展了第二届全国农民冰雪项目运动会、第四届全国农民体育健身大赛、第三届全国农民广场舞大赛、第一届全国美丽乡村健康跑、第二届全国农民水果采收邀请赛、2020 全国农民篮球赛等一系列农民体育赛事活动，支持、指导地方开展"中国农民丰收节"系列文化体育活动，促进农体文旅融合。国家体育总局组织举办了全国新年登高健身活动、全国群众冬季运动推广普及活动、"全民健身日"主题示范活动、"九九重阳"全国老年人体育健身展示活动等，引导包括农民在内的广大人民群众参与健身赛事。根据疫情防控要求，各级体育部门指导开展丰富多彩的全民健身网络赛事和活动，为包括农民在内的广大体育爱好者足不出户参加体育赛事活动搭建平台。

3. 农耕文化保护传承取得新进展

农业文化遗产保护利用持续推进。 2020 年，农业农村部公布了第五批 27 项中国重要农业文化遗产，并部署开展第六批中国重要农业文化遗产发掘认定工作，对传统乡村风貌和农业文化景观、农林果蔬和畜牧渔业等传统生产技艺、复合种养和水土综合利用制度等进行重点保护，进一步扩大了农耕文化保护传承的覆盖面。其中，恩施玉露茶文化系统作为中国重要农业文化遗产进入全球重要农业文化遗产预备名单。

传统村落保护工作不断加强。2012 年，我国建立中国传统村落保护名录，评选出第一批传统村落，经过近 10 年时间，我国共评选出 5 批传统村落，总数达到 6 819 个（图 1 - 16）。2020 年 5 月，住房城乡建设部印发《关于实施中国传统村落挂牌保护工作的通知》（建办村〔2020〕227 号），推动传统村落传承和发展。2020 年，通过竞争性选拔确定山西省晋城市、江西省抚州市、安徽省黄山市、贵州省黔东南自治州等 10 个市州作为示范市州，中央财政赋予每个市州 1.5 亿元补助，用于开展传统村落集中连片保护利用。2017 年，住房城乡建设部办公厅印发《关于做好中国传统村落数字博物馆优秀村落建馆工作的通知》（建办村函〔2017〕137 号），正式启动中国传统村落数字博物馆建设工作。截至 2020 年底，中国传统村落数字博物馆村落单馆数量总计达 477 个。

图 1 - 16 我国传统村落数量

数据来源：住房城乡建设部。

"中国农民丰收节"活动持续健康发展。 2020 年 6 月，农业农村部印发《农业农村部办公厅关于 2020 年中国农民丰收节有关工作的通知》（农办市〔2020〕10 号），要求以"庆丰收、迎小康"为主题办好 2020 年中国农民丰收节，推动丰收节成风化俗，组织山西、内蒙古、山东、河南、四川、陕西、甘肃、青海、宁夏等黄河流域 9 省区联动庆丰收、迎小康，展现黄河文化作为中华民族坚定文化自信的重要根基。2020 年，丰收节主场活动首次走出北京，相继开展"全国十佳农民"颁发证书仪式、乡村绿色发展研讨会、丰收歌会、"奔向小康"长跑等活动，充分展示了中华优秀农耕文明的博大精深，为广大农民群众搭建了创业创新的平台和风采展示的舞台。为进一步发动社会各界广泛参与中国农民丰收节，2020 年 5 月 19 日中国农民丰收节组织指导委员会正式设立"中国农民丰收节推广大使"，袁隆平、申纪兰、冯巩、海霞、冯骥才、李子柒等 6 人受聘担任首批推广大使。总的看，2020 年农民参与度和基层覆盖率进一步提升，中国农民丰收节真正成为农民自己的节日。

（六）农村基础设施不断改善，城乡差距逐步缩小

2020 年，国家继续把公共基础设施建设重点放在乡村，坚持先建机制、后建工程，推动农村基础设施提档升级，加快补齐农村人居环境设施短板，农村面貌持续改善。

1. 农村人居环境整治三年行动圆满完成

2020 年，各有关部门认真履职、协同配合，加大对农村人居环境整治的投入和推进力度。中央财政安排 74 亿元支持农村厕所革命整村推进，中央预算内投资安排 30 亿元支持中西部省份开展农村人居环境整治，中央财政对上年度整治成效明显的 20 个县（市、区）予以激励。同时，农业农村部指导各地以县为单位开展验收，组织开展农村人居环境整治检查，确保干干净净迎小康。经过全国上下努力，农村人居环境整治三年行动方案目标任务全面完成。

农村厕所革命扎实推进。 2020 年，全国各地因地制宜、有序推进农村厕所革命，加强农村厕所粪污治理，强化全程质量管控，切实提高农村改厕工作质量。2018—2020 年，全国累计改造农村户厕 3 500 多万户，农村卫生厕所普及率超过 68%。

农村生活垃圾治理成效明显。 截至 2020 年底，全国农村生活垃圾进行收运处理的行政村比例到达 90% 以上，95% 以上的村庄开展了清洁行动，全国排查出的 2.4 万个非正规垃圾堆放点已基本完成整治，一大批村庄村容村貌明显改善。

农村生活污水治理加快推进。 2020 年，中央农办、农业农村部、生态环境部等相关部门积极指导各地推进农村生活污水治理。"十三五"期间，1 万余个"千吨万人"农村饮用水水源地（供水人口在 10 000 人或日供水量 1 000 吨以上集中式饮用水水源）完成保护区划定，18 个省份实现农村饮用水卫生监测乡镇全覆盖。截至 2020 年底，农村生活污水治理率已达 25.5%，农村生活污水排放标准和县域规划体系基本建立，农村黑臭水体清单初步确定。

2. 基础设施条件明显改善

农村交通运输条件不断改善。 2020 年，财政部联合交通运输部下达 656.6 亿元车购税资金支持农村公路建设，全国新改建农村公路 27.2 万公里。截至 2020 年底，农村公路里程已达 438 万公里（图 1-17），全国具备条件的乡镇和建制村已实现通硬化路、通客车、通邮路，全国农村通公路比例达 94.8%，铺装率达 88%，列养率达 98.9%，优良中等路率达 87.5%，"四好农村路"高质量发展取得阶段性成效。

农村饮水安全巩固提升效果明显。 "十三五"期间，中央累计安排农村饮水安全巩固提升补助资金 296.06 亿元，带动地方投入 1 797 亿元。2020 年国家发展改革委、财政部加大中央资金补助力度，用于支持解决苦咸水问题和农村供水工程维修养护。生态环境部组织各地对农村"千吨万人"以上水源地进行摸底排查，10 638

图 1-17　2016—2020 年我国农村公路总里程数

数据来源：交通运输部统计公报。

个农村"千吨万人"水源地全部完成保护区划定。水利部指导督促各地通过加大地方财政资金投入、整合涉农资金、吸引社会资本，加快农村供水工程建设进度。截至 2020 年底，全国累计完成农村饮水安全巩固提升工程建设投资 2 093 亿元，2.7 亿农村人口供水保障水平得到提升，1 710 万建档立卡贫困人口的饮水安全问题全面解决，1 095 万人告别了高氟水、苦咸水，全国农村集中供水率达到 88%，农村自来水普及率达到 83%（图 1-18）。

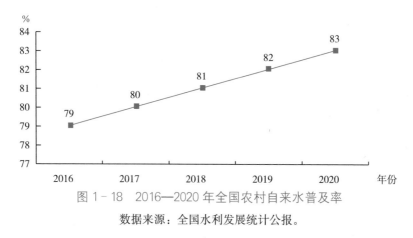

图 1-18　2016—2020 年全国农村自来水普及率

数据来源：全国水利发展统计公报。

农村供电条件持续改善。2020 年，农村"低电压""卡脖子"等问题得到大幅度改善，城乡电力差距明显缩小。全国农村地区基本实现稳定可靠的供电服务全覆盖，农网供电可靠率达 99.8%，综合电压合格率达 99.8%，户均配变容量超过 2 千伏安。2020 年，国家电网公司完成 6.6 万个小城镇、中心村电网改造升级和 7.8 万个自然村通动力电工程，受益农村人口超过 1.6 亿人。

农村供气能力持续提升。截至 2020 年底，我国村庄使用燃气人口达 23 690 万人，村庄燃气普及率达 35.08%，村庄集中供热面积达 32 263 万平方米，其中北方地区冬季清洁取暖率提升到 60% 以上，空气源热泵取暖、地源热泵取暖、"光热＋电或生物质"取暖、"光伏＋"等新型取暖模式逐步推广（图 1-19）。

图 1-19　2014—2019 年全国村庄燃气普及率

数据来源：城乡建设统计年鉴。

农村信息基础设施进一步加强。截至 2020 年底，我国行政村通光纤和通 4G 比例均达到 99%，贫困村通宽带比例超过 98%，建成了一批"宽带乡村""百兆乡村"，实现了全球领先的农村网络覆盖。信息技术在农业生产经营中的应用不断拓展，智慧农业、智慧物流等数字化转型，为乡村振兴注入了强大动力。农村宽带用户数量提升迅速，总数由 2012 年的 4 075.9 万提升至 2020 年的约 1.42 亿，增长约 248%，较 2019 年底增长约 5.2%（图 1-20）。农村及偏远学校网络接入条件不断改善，截至 2020 年底，全国中小学联网率达到 100%。据中国互联网信息中心的最新数据，2020 年我国网民规模达 9.89 亿，其中农村网民规模为 3.09 亿，占全部网民的

31.3%，较 2019 年底增长 8 400 万，较 2012 年增长了 1 倍，农村网民规模不断扩大。2020 年我国农村地区互联网普及率达到 55.9%，较 2019 年提升 9.7 个百分点，较 2012 年增长超过 1 倍（图 1-21）。第 48 期《中国互联网络发展状况统计报告》显示，截至 2021 年 6 月，我国网民规模已达 10.11 亿，互联网普及率达 71.6%，农村地区互联网普及率达 59.2%，较 2020 年底提升 3.3 个百分点，城乡互联网普及率进一步缩小至 19.1 个百分点。

图 1-20 2012—2020 年全国农村宽带接入用户数

数据来源：国家统计局。

图 1-21 2012—2020 年我国农村网民规模及互联网普及率

数据来源：中国农村互联网调查报告。

进一步推进农村危房改造。 2020 年，财政部、住房城乡建设部印发的《关于下达 2020 年中央财政农村危房改造补助资金预算的通知》（财社〔2020〕59 号）提出，2020 年中央财政补助资金由省（自治区、直辖市）优先用于完成 2019 年脱贫攻坚农村危房改造"回头看"排查以及 2020 年动态新增的 4 类重点对象存量危房改造任务，确保按期完成"两不愁三保障"脱贫攻坚目标任务。2020 年，贫困户危房改造工作在全国各地全力推进，脱贫攻坚住房安全扫尾工程任务和动态新增建档立卡贫困户危房改造任务顺利完成，74.2 万建档立卡贫困户存量危房改造任务全部竣工，2 341.6 万户建档立卡贫困户均已实现住房安全有保障。

三、农村社会事业发展面临的问题与挑战

2020 年，我国农村社会事业发展迈上新的台阶，农民群众的幸福感、获得感持续提高，但与乡村全面振兴的要求相比，农村社会事业发展仍然滞后，并面临许多挑战。

（一）城乡教育资源配置水平有待进一步优化

2020 年，我国城乡教育不断发展，但仍存在一些值得关注的问题，具体包括农村普惠性学前教育短板突出、乡村教师队伍建设有待加强、普通高中发展面临困难等。

1. 乡村教师队伍建设仍有待加强

当前我国乡村教师数量仍然偏少，特别是在部分偏远地区，一些乡村学校规模偏小，服务区域较大，但又不符合撤并条件，导致乡村学校师生比偏高，教师超负荷工作。例如，2020 年我国农村义务教育阶段（包括小学和初中）专任教师总量不足城镇的三分之一。同时，按照我国不同层次学校教师学历要求，小学教师需中专以上学历，并应逐渐过渡到以大专为主；中学教师需大专以上学历，并逐渐过渡到以本科为主。但是，当前我国乡村教师队伍学历

普遍偏低，知识结构老化。乡村教师社会地位偏低，待遇普遍不高，由此导致社会对乡村教师职业不够认同，乡村教师队伍人才流失严重。此外，相对于城镇而言，全国大多数农村地区不同程度缺少音乐、体育、美术、英语、科学、信息技术等学科教师，学生全面发展受到制约。

2. 普惠性学前教育是突出短板

学前教育是我国教育现代化发展进程中的薄弱环节，尤其是在农村地区，学前教育更是教育均衡发展中的"最短板"。由于底子薄、欠账多等原因，农村学前教育资源供给不均衡、成本分担机制不完善、公办与民办之间发展失衡等方面的问题突出。农村幼儿园数量偏少，普惠性幼儿园缺口大，幼儿园"大班额"现象普遍。在很多经济欠发达的农村和边远地区，由于县级财政力量薄弱，政府仅能支付公办园编制内人员的待遇保障，而大多数幼儿园需要自筹经费维持运转，导致农户家庭成本分担过高。2020年，我国农村地区幼儿园总数虽然继续增加，但绝对数量和相对数量仍然远低于城镇地区。同时，除乡镇中心幼儿园外，大多农村幼儿园只有"公办"园舍，没有"公办"经费和"公办"老师，无法满足农民群众对学前教育的需求。

3. 农村职业教育发展乏力

在工业化、城镇化不断推进的背景下，农村职业教育发展面临一些新的问题。一是农村职业教育生源不足。随着我国高等教育规模持续扩大，农村职业教育生源持续萎缩。二是农村职业教育动力衰退。由于农村职业教育基本能力建设薄弱、专业师资严重不足等原因，我国农村职业教育在教育对象、教育内容与服务面上逐渐淡化了三农色彩，在价值取向与办学定位方面存在明显的"普教化"现象，导致农村职业教育发展动力面临消退风险。三是农村职业教育功能弱化。随着我国高等教育规模的扩张，中高等职业学校毕业生在求职竞争中处于劣势。农村职业教育无法有效满足社会对人才职业技能的需求，农村职业教育功能出现断崖式下滑。

（二）农村医疗卫生服务质量有待全面提升

2020 年，我国农村医疗卫生事业持续发展，在县乡村三级卫生服务网和乡村卫生队伍建设等方面均取得了可喜成绩，对保障农村居民健康、促进农村经济发展发挥了重要作用。但也要看到，目前我国农村医疗卫生服务质量还有较大提升空间。

1. 重治轻防问题需要高度重视

2020 年，全国各地继续加大医疗卫生资源投入力度，进一步改善农村医疗服务供给状况。但由于地方缺少配套政策，补偿机制不健全，农村基层公共卫生整体功能较弱，卫生资源、管理体制等与其承担的任务不相适应。农村重治疗、轻预防的倾向普遍存在，慢性病防治经费总体投入不足，群众对个人健康的重视程度不高，各级疾病预防控制机构慢性病防治人员紧缺。此外，农村卫生服务缺乏有效监督考核机制，医防功能不完善，部分地区乡镇卫生院"以医补防"（以医疗费用补充公共卫生预防费用不足）现象时有发生，乡村医生待遇偏低队伍不稳。

2. 农村医疗卫生服务能力亟待提升

突如其来的新冠肺炎疫情暴露了我国医疗卫生服务领域的一些薄弱环节，农村地区情况尤为突出，比如农村医疗基础设施不完善，公共卫生医疗服务人员缺乏，现代化和信息化程度不高等。

（三）农村社会保障体系仍然存在薄弱环节

2020 年，我国在农村社会保障领域取得了明显进展，但整体而言，农村社会保障体系建设在农村养老服务、农村社会救助、农民工参保等方面仍然存在薄弱环节。

1. 农村社保体系有待完善

2020 年，全国所有省份均已启动实施养老保险基金省级统收统支，全国统筹准备工作也在稳步推进，但省际之间基金结余差异大，结构性矛盾凸显，统筹层次实效还有待提升。同时，社保基金面临缴费年限与领取年限不平衡，中长期支付压力较大，基金隐性贬值、不可持续发展等风险。此外，虽然我国农村社会保障体系已经比较健全，但保障能力仍然较弱，部分保障制度难以覆盖到所有有需要的农村居民。从工作角度看，目前社会保障服务信息化、标准化、专业化水平尚待提高，社保关系转移接续不够顺畅，社会风险防控体系有待加强。

2. 农村养老服务有待加强

受农村地区地域范围广、基础设施薄弱以及传统观念浓厚等多重因素影响，农村养老缺乏成熟稳定的盈利预期和供给模式，乡镇敬老院建设标准普遍偏低、配套不齐全、设施陈旧，改造提升资金缺口较大。一些村级互助养老服务设施功能单一，日常照料和就餐送餐等功能缺失。国家统计局数据显示，2020 年底，中国 65 岁以上人口占总人口比例达到 13%，农村地区老年人比例更高，养老保障和社会服务的供给缺口更大。2020 年，农村基本养老金从十年前每人每月 55 元提高到每人每月 160 元，而农村居民人均消费支出每月超过 1 100 元，农村养老金水平仍然偏低。引导社会力量进入农村养老市场的扶持政策相对缺乏。

3. 农村社会救助发展水平不高

从目前看，我国农村低保标准增长速度快于城市地区，但是就绝对标准而言，城市和农村的差距仍然非常明显。2020 年农村人均低保标准为 5 962 元/（人·年），而城市人均低保标准为 8 131 元/（人·年），农村低保标准仅为城市低保标准的 73.3%。部分地区农村社会救助效能不足，存在救助资源分散、信息共享不足、申请审批周期长等问题，使得救助过程存在交叉救助、重复救助、遗漏救助、救助不及时等现象。

4. 农民工社会保障亟待进一步加强

农民工作为流动群体，参保率一直是现有社会保障体系建设的难点。目前，农民工群体中参加企业职工基本养老、工伤、失业保险的比例显著偏低。农民工住房状况有待进一步改善。《2020年农民工监测调查报告》显示，2020年进城农民工人均居住面积为21.5平方米，仅为城镇人口人均居住面积的60%左右。而在500万人以上城市居住的进城农民工人均居住面积更低，仅为16.9平方米。在进城农民工子女教育方面，对于义务教育阶段的随迁儿童，47.5%的农民工家长反映子女在城市上学面临一些问题，升学难、费用高、孩子没人照顾等问题尤为突出。

5. 农村残疾人民生保障水平还比较低

目前，农村残疾人在享受社会保障的服务程度和质量方面与城镇居民还存在一定差距。农村残疾人群体在生活中往往面临两难境地：由于受到身体、智力缺陷的限制，难以通过从事农业生产获得相应的生活收入。作为弱势群体，残疾人面对疫情冲击时较其他人群更为脆弱，受新冠肺炎疫情影响，部分残疾人家庭生活水平明显下滑，残疾人就业和脱贫压力进一步加大。据中国残联对全国1万户残疾人家庭收入的调查显示，农村残疾人年均社会救助和政策性补贴不足城镇的85%。此外，针对农村残疾人的就业保护、就业促进和就业服务等制度尚不健全，残疾人职业技能培训和就业服务能力还有待提升。

（四）农村文化体育服务体系建设有待完善

农村文化体育服务是我国文体事业的薄弱环节，增加农村文化体育服务供给、提升农村公共文化体育服务水平仍需付出努力。

1. 人才等"软件"配置不足

在农村地区文化服务硬件设施全面加强的同时，农村文化人才短缺、文化组织缺失的问题逐渐暴露出来。当前，我国农村存在文化人才引进、评价、管理、流动和晋升等方面的制度缺失，农村文化人才薪资报酬较低、岗位晋升渠道不畅和人才培训机制不健全等

问题突出，制约了农村文体服务供给能力的提升。由于农村人口老龄化严重，农村留守人员的文化素质普遍不高，导致一些正常的文化需求被削弱。虽然农村文化体育设施逐渐完善，但由于缺乏专业人员指导，导致文体设施无法得到有效利用，难以充分满足农民的精神文化生活需要。农村健身设施有关标准和配置要求需要进一步细化，农村公共健身设施仍然短缺，群众体育赛事活动仍然比较单一。

2. 乡村文化活动内容有待丰富

目前全国大部分地区制定了文化站服务清单，大部分农村建有综合性文化服务站，畅通了优质文化资源输送到乡村的渠道。但是，乡村文化活动内容有待丰富，农民能够直观感受并参与的文化活动并不多，这直接影响了农民文化意识的形成。同时，农村缺乏根据不同村庄的发展特点，以及不同年龄层次群众的文化需求所开展的活动，特别是针对留守儿童、农村老人等开展的文化活动还不够丰富。此外，广播电视作为重要的文化传播工具，在农村还存在"最后一公里"问题，特别是在老少边等地区，广播电视公共服务发展质量不高、结构不优、服务能力不强等问题，其服务于乡村文化建设的作用未得到充分发挥。

3. 体育设施建设仍需加强

目前，我国农村公共体育健身设施整体发展水平还不够高，质量还有待提升。一方面，农村公共体育设施覆盖面不够广，区域间存在一定的差距，例如，长三角、珠三角等地区农村体育设施建设较为完善，但是西部贫困地区部分行政村还相当缺乏健身设施和器材。另一方面，已经建好的体育设施和器材也亟须更新维修和提档升级，以满足农民群众日益增长的多元化需求。

4. 农村文化保护传承有待加强

由于缺乏资金和人才，一些传统手工艺、民族服饰、民俗活动等非物质文化遗产没有得到及时的挖掘，一些具有地方特色的饮食文化、农耕文化没有得到有效开发利用。在大力推进城镇化的进程中，地方干部群众对文物古迹的保护意识较差，乡村很多有价值的古桥、古井、古建筑、古民宅、民族村寨、文物古迹等得不到应有的保护，随意拆除或毁坏的情况时有发生。一些传统文化受现代文化、外来文化、新媒体等的冲击，面临失传、消亡等风险。加之我国历史文化遗产保护的法律法规尚不健全，一些地方古建筑和历史遗迹保护意识淡薄。有些地方急于发展经济，打着保护的旗号搞重建，古村落的历史痕迹和文化韵味被现代工艺取代，对乡村文化遗产造成破坏。

（五）农村人居环境整治提升仍需持续发力

"十三五"以来，国家对农村人居环境整治工作投入了大量的人力、物力和财力，农村人居环境整治取得了明显成效，对于全面改善农业农村生产生活条件、提高民生福祉发挥了重要作用。但是，与乡村全面振兴和农民群众生活品质改善要求相比，农村人居环境整治仍不同程度存在一些问题和困难。

1. 工作进展不平衡，基础设施短板突出

农村人居环境整治虽然取得重大阶段性成效，但农村人居环境总体质量水平还不高。从任务看，农村生活垃圾治理进展迅速，厕所革命成效显著，农村生活污水治理、村内道路、水源保障工程等基础设施仍是突出短板、难度较大。约32%的农户未用上卫生厕所，约75%的农村生活污水没有得到有效治理，约四成的村内道路没有硬化，北方地区清洁能源替代任务还比较艰巨。从区域看，呈现"两头强、中间弱"，经济发达地区工作起步早，基础条件较好，人居环境整治水平较高；部分贫困县受益于脱贫攻坚政策，村庄人居环境等基础设施明显提升；其他地区工作起步晚，基础条件相对薄弱，人居环境基础设施还不完善。

2. 村庄规划编制滞后，可操作性不强

不少基层干部反映，各省份国土空间规划仍在编制中，在上位规划没有出台情况下，村庄规划编制难以短时间内大规模铺开。已

完成规划编制的村庄，有的规划操作性不强，有的规划和建设"两张皮"，缺乏有效执行机制，往往难以落地。没有编制规划的村庄，有的改厕、生活垃圾污水治理等整治工作缺乏统筹，导致无序建设和资源浪费；有的建筑风貌管控不到位，农房改造杂乱无章，仍是有新房无新村、有新村无新貌；有的农业生产和农村生活衔接不紧，大量农村厕所粪污、有机生活垃圾等没有出路，而农业生产又缺乏有机肥。

3. 历史欠账多，投入缺口大

农村人居环境整治底子薄、欠账多、公益性强，特别是农村生活污水治理设施建设、卫生厕所改造、村内道路硬化等资金需求量大。目前整治工作主要依靠政府投入，许多地方财政增收渠道少、支出压力大，金融资本和社会资本参与意愿不强。

4. 技术支撑不足，标准体系不健全

在技术产品研发方面，农村人居环境整治相关科技研发基础薄弱，技术和产品针对性、适用性不强，适宜干旱寒冷地区经济实用的卫生厕所、偏远地区生活垃圾就地就近处理等农村人居环境整治技术产品相对较少。在技术推广应用方面，有的地方机械套用城市技术模式，有的简单照搬其他地方做法，有的不顾客观条件一种技术模式套到底，有的新技术新产品未经试验示范就大范围推开。在技术标准方面，农村人居环境领域设施设备、建设验收、运行维护、监测评估、管理服务等标准体系不健全。有的缺乏标准规范，造成进入市场的产品质量良莠不齐，有的不成熟不定型、农民接受度不高。有的采用城市标准，处理设施污染物排放标准要求过高。在人员队伍方面，农村人居环境整治领域缺乏规划、施工、管理等专业技术人才。农业农村部门牵头组织改善农村人居环境工作后，缺少相应领域的专业人才和队伍体系。

5. 部分工程项目质量不高、不够规范，长效机制建设跟不上

有的设施设备建设不规范，一些前几年改造的农村卫生厕所标准不高，出现渗漏损坏，需要维修改造；有的农村生活垃圾收集处置设施布局不合理、设施不完善、运行超负荷；有的设施设备建设不配套，建了前端缺后端，有了后端没前端。有的重数量轻质量，对农村人居环境整治工程项目建设全程质量控制把关不严，导致产品质量、施工质量出现问题，不好用或用不上，农民群众有怨言。有的重建设轻管护，缺乏配套服务体系、专业管护队伍和运行维护资金，设施设备坏了没人修，厕所粪污满了没人掏，村庄保洁不到位，处理设施"晒太阳"，建好了但没管好没用好。有的重项目建设轻群众动员，政府包揽过多，自上而下推动工作，未充分听取群众意愿；受传统观念和长期生活习惯影响，部分群众环境卫生意识不强，没有形成主动建设维护、主动投资投劳、主动参与监督的责任意识和行动自觉。

四、"十四五"农村社会事业发展的重点任务和政策趋向

"十四五"时期，必须按照"补短板、强弱项、提质量"的要求，以农民生产生活需求为中心，促进公共资源继续向农村倾斜，不断加大农村社会事业发展投入，着力解决公共服务供给不足、质量不高、发展不均衡等突出问题，满足群众多层次多样化需求，不断提升农村社会事业发展水平。

（一）明确农村社会事业发展的重点任务

党的十九届五中全会提出，要坚持把实现好、维护好、发展好最广大人民根本利益作为发展的出发点和落脚点，不断健全基本公共服务体系、强化就业优先政策、建设高质量教育体系、健全多层次社会保障体系、全面推进健康中国建设、实施积极应对人口老龄化国家战略。"十四五"时期，要对照农业农村现代化和乡村振兴

的目标任务，扎实补齐农村社会事业发展各个方面的短板，健全完善基本公共服务标准体系，为推动城乡基本公共服务均等化提供坚实的政策保障。

在农村公共基础设施方面，要继续把公共基础设施建设的重点放在农村，着力推进往村覆盖、往户延伸。有序实施较大人口规模自然村（组）通硬化路，加强农村资源路、产业路、旅游路和村内主干道建设，推进农村公路建设项目更多向进村入户倾斜。加强农村道路桥梁安全隐患排查，落实管养主体责任，强化农村道路交通安全监管。实施农村供水保障工程，加强中小型水库等稳定水源工程建设和水源保护，实施规模化供水工程建设和小型工程标准化改造，积极推进城乡供水一体化，完善农村水价水费形成机制和工程长效运营机制。实施乡村清洁能源建设工程，加大农村电网建设力度，全面巩固提升农村电力保障水平，推进燃气下乡，发展农村生物质能源，加强煤炭清洁化利用。实施数字乡村建设发展工程，强化基础网，优化骨干网，推动农村千兆光网、第五代移动通信（5G）、移动物联网与城市同步规划建设。继续推进电信普遍服务项目，推动新基建与农村社会事业融合发展，大力发展智慧教育和智慧医疗，支持农村及偏远地区信息通信基础设施建设。加强乡村公共服务、社会治理等数字化智能化建设。实施村级综合服务设施提升工程。加强村级客运站点、文化体育、公共照明等服务设施建设。

在农村人居环境整治提升方面，要以浙江"千村示范、万村整治"工程经验为引领，实施好农村人居环境整治提升五年行动。分类有序推进农村厕所革命，重点推动中西部地区农村户厕改造，已完成改造的地区着力推进厕所粪污无害化处理与资源化利用，加快研发干旱、寒冷地区卫生厕所适用技术和产品，切实提升农村改厕质量。加快农村生活污水治理，统筹农村改厕和污水、黑臭水体治理，因地制宜推进农村生活污水资源化利用。健全农村生活垃圾收运处置体系，推进源头分类减量、资源化处理利用，建设一批有机废弃物综合处置利用设施。整体提升村容村貌，改善村庄公共环境，推进乡村绿化美化，加强乡村风貌引导。健全农村人居环境设施管护机制，有条件的地区推广城乡环卫一体化第三方治理，深入推进村庄清洁和绿化行动，开展美丽宜居村庄和美丽庭院示范创建活动。

在农村教育方面，要继续提高农村教育质量，多渠道增加农村普惠性学前教育资源供给，加大公共财政对农村学前教育的保障和支持力度，合理配置农村义务教育阶段资源，在县城和中心镇新建改扩建一批高中和中等职业学校，完善农村特殊教育保障机制。以县为单位，推动优质学校辐射带动农村薄弱学校常态化。统筹配置城乡师资，建立健全教师人才激励机制，充实提高乡村教师队伍。推进县域内义务教育学校校长教师交流轮岗，支持建设城乡学校共同体。面向农民就业创业需求，发展职业技术教育与技能培训，建设一批产教融合基地。开展耕读教育，加快发展面向乡村的网络教育，加大涉农高校、涉农职业院校、涉农学科专业建设力度。

在农村基层医疗卫生服务方面，要加大对基层卫生健康事业的投入，完善农村医疗体系，健全医保基金筹资、支付、统筹制度体系，大力提升农村的医疗保障能力。加快构建强大、高效的城乡公共卫生安全保障体系，提升农村公共卫生安全保障能力。全面推进健康乡村建设，提升村卫生室标准化建设和健康管理水平，推动乡村医生向执业（助理）医师转变，采取派驻、巡诊等方式提高基层卫生服务水平。提升乡镇卫生院医疗服务能力，选建一批中心卫生院。加强县级医院建设，持续提升县级疾控机构应对重大疫情及突发公共卫生事件的能力。加强县域紧密型医共体建设，探索实行医保总额付费，加强监督，在考核基础上结余留用、合理超支分担。

在农村社会保障方面，要完善城乡统筹的社会保障制度，支持农村提高社会保障管理服务水平。完善统一的城乡居民基本医疗保险制度，合理提高政府补助标准和个人缴费标准，健全重大疾病医

疗保险和救助制度。完善多层次老年收入保障体系，落实城乡居民基本养老保险待遇确定和正常调整机制，补齐老年健康服务短板，扩展上门医疗服务覆盖范围，提升养老生活照料服务供给。推进城乡低保制度统筹发展，逐步提高特困人员供养服务质量。加强对农村留守儿童和妇女、老年人以及困境儿童的关爱服务。健全县乡村衔接的三级养老服务网络，推动村级幸福院、日间照料中心等养老服务设施建设，发展农村普惠型养老服务和互助性养老。推进农村公益性殡葬设施建设。

在乡村文体服务方面，要推进城乡公共文化服务体系一体建设，整合县域内公共文化资源，促进县乡村公共文化设施联动发展，推动农村公共文化服务提质增效，打造开放多元、共建共享的现代农村公共文化服务体系。保护好农村传统优秀文化资源。创新实施文化惠民工程，按照农民的意愿提供公共文化体育服务。善用农村文化资源，利用农村祠堂、戏台等公共空间，依托农村传统节庆活动等文化习俗，借助非遗技艺等生产方式、生活方式开展公共文化活动，让农村公共文化服务通文脉、接地气。加大农村健身场地设施供给，按照农民意愿提供公共文体服务，提升文体服务指导水平，善用农村文化资源。补足农村文体服务供给短板、广泛动员社会力量，有针对性地探索实施公共文化服务公益创投。

此外，要健全乡村便民服务体系，提升乡村公共服务数字化智能化水平，完善村级综合服务设施和综合信息平台，培育服务机构和服务类社会组织，完善服务运行机制，促进公共服务与自我服务有效衔接，增强农村生产生活服务功能。

（二）创新农村社会事业多途径供给方式

创新农村社会事业多途径供给方式，重点在于激活政府、市场与社会等多元供给主体。政府、市场与社会等供给主体在公共服务供给中具有不同作用，同时也有各自的局限性。"十四五"时期，要引导各类供给主体相互合作、优势互补，发挥多元主体的整合作用，激活公共服务供给的最大效能。首先，要深入推进农村社会事业供给机制改革试验。开辟多渠道多层次的供给之路，探索符合各地实际的供给机制。其次，要选择多元供给主体。根据不同的农村社会事业项目，确定是否市场化，以及市场化的程度，并选择合适的供给主体。在以政府供给为主导的前提下，鼓励社会组织、企业、个人等参与到供给中，形成多元主体供给模式，弥补政府供给的不足，满足农村社会事业多元化、差异化需求。再次，要建立多元主体权益保障制度。优化公共服务市场化、社会化的制度环境，形成公共服务的职责体系，如在政府采购、政府购买服务中保障市场和社会的平等竞争。要更加明确多元主体的职能优势和限度，做出科学的制度安排。最后，要加强服务型政府建设。政府在社会事业建设中处于主导地位，这是由政府的职能定位和公共服务供给实践所决定的。服务型政府的主要职能是，与其他公共服务供给主体，如企业、社会组织等一起完成提供公共服务，满足公共服务需求。

（三）完善以财政为主的多元化投入机制

"十四五"时期，必须要加快完善以财政为主体的多元化投入机制，充分发挥公共财政兜底作用，确保投入力度不断增强、总量持续增加，加快补足农村社会事业历史欠账。同时，要深入推进涉农资金整合，支持地方结合农村社会事业发展硬任务统筹安排资金，提高省级部门统筹使用资金的能力和空间。要推动债券融资向农村社会事业工作倾斜，明确地方一般债支出用于补齐农村社会事业短板的要求，提高土地出让收入用于农村社会事业的比例。

要深入贯彻落实《社会资本投资农业农村指引》中的相关要求，围绕农村社会事业建设的薄弱领域和关键环节，引导社会资本加大投入。比如，引导支持城市资本参与农村养老托幼、文化教育、卫生医疗等农村社会事业发展，以连锁经营等多种方式在农村开办服务网点。在农业农村基础设施和公共服务建设相关领域，通过 PPP 模式加大引导社会资本投入力度，提高社会资本投入项目增速、资金规模和质量。基金投资对民营企业参与项目给予优先支持，引导保险资金、PPP 基金加大股权投资力度，丰富社会资本进入和退出渠道，优化社会资本投入农业农村领域的融资环境。创新村级公共服务平台投入机制，建立健全公共财政、村级组织、社会力量对平台建设发展的多元投入机制，逐步提高基本公共服务支出所占比重。发挥政府投资带动作用，通过以奖代补、先建后补、以物抵资等多种方式以及捐助、共建、投资等多种形式，撬动社会资源投入，支持平台建设，弥补资金不足。鼓励各地建立投入资金逐年增长的长效保障机制，防止已建成的村级公共服务平台因缺少资金运营维护管理而难以充分发挥作用。

（四）发挥农民社会事业建设的主体作用

农民是农村社会事业发展的重要参与者和主要受益者，必须尊重农民的知情权、决策权、监督权，有效发挥农民主体作用和村级集体经济组织等农村基层组织的协调作用，把农村社会事业建设过程变成村集体和农民积极参与的过程。"十四五"时期，要把农村社会事业建设作为村庄规划建设的重要内容，建立农村社会事业发展意见征集制度，加强驻村调研、入户访谈，深入了解村民的真实想法和诉求，充分尊重村民意愿，保障村民参与集体决策，瞄准农村社会事业建设重点，确保社会事业建设符合村民意愿。引导村集体和农民参与农村社会事业项目管理，推进农村社会事业建设项目通过"上墙、上网"等方式及时公布并长期公开，方便村民了解和查询。

在村庄建设项目中，选择一批投资规模小、技术门槛低、建设内容较为单一的农业农村基础设施项目，鼓励引导项目实施单位按照就地就近原则，吸纳农户参与工程建设。完善"一事一议"筹资筹劳，对农户投资投劳兴建直接受益的生产生活设施，给予适当补助。简化项目审批和招投标程序，鼓励村级组织和农村"工匠"带头人承接，组织当地村民投工投劳、就地取材开展建设。加强农村社会事业运营管理，制定村庄社会事业基础设施运营管护责任清单，明确管护对象、主体和标准等。支持将政府投资村庄建设项目产权划归村集体经济组织，由其承担管护责任，鼓励地方对管护费用给予适当补助，并采取"门前三包"、使用者协会等形式，引导受益农民通过认领等方式参与管护，确保村庄建设项目长期有效运行。

（五）努力提升农村公共服务水平和质量

"十四五"时期的农村社会事业建设，不仅要重视推进速度，也要重视发展质量。要充分吸纳各类社会主体参与农村基本公共服务供给，把握农村公共服务需求特点，提升农村公共服务供给水平和质量。依托新兴信息企业的技术优势，构建基本公共服务数据开发、储存、使用和共享信息网络平台，推动基本公共服务生产供给的现代化、智能化和精准化。利用云计算、互联网、智能技术等新技术，通过在线联网、数据统计、定向服务等措施，将线下和线上服务结合起来，实现个性化公共服务的"锚定"。充分利用大数据匹配公共服务供需信息，建立乡镇公共服务信息平台，整合各村的信息资料，明确各村现有的公共服务及其使用状态。通过独立服务、在线跟踪等方式快速获取信息，实现资源整合和信息快速处理，使公共服务更具"服务性"。通过信息平台，实现政府与农民公共服务供需双向互动，解决农民公共服务参与不足等问题，降低服务门槛。探索在山区、草原、岛屿等地广人稀、居住分散地区开展流动服务机制，通过巡回服务、流动服务或建设小而全的复合式公共服务网点等方式，依托技术手段和供给模式创新，把农民群众最关心、最需要的服务送上门，使农村公共服务更加低成本、透明化，实现农村公共服务的精准供给。建立农村公共服务全过程的追踪与反馈机制，避免供需信息差异，实现农村公共服务供给的对象精准、人群精准。政府通过资源整合和共享，完成信息交互并及时更新数据，结合跨部门合作，完善大数据条件下的公共服务供需耦合机制，为提高农村公共服务质量和水平提供基础支撑。

（六）提高城乡基本公共服务均等化水平

"十四五"时期，要把县域作为城乡融合发展的重要切入点，推进县乡村公共服务一体化，强化县城综合服务能力，把乡镇建设成为服务农民的区域中心，实现县乡村功能衔接互补，加快实现城乡基本公共服务均等化。

首先，要统筹县域基础设施、公共服务等空间布局，推进县域内基本公共服务标准统一、制度并轨。加快推动县域内城乡融合发展，持续推进要素市场化改革，畅通资源要素城乡双向流动通道，促进城镇公共服务向农村延伸，不断改善农村生活环境，满足农民基础性需求，逐步消除城乡之间公共服务差距。统筹推进县域教育事业发展，完善县域医疗卫生服务体系、公共文化服务体系、养老服务体系和社会救助体系，健全县域基础设施一体化建设和管护机制，建立有利于农村基础设施长期发挥效益的体制机制。加快小城镇发展，完善小城镇基础设施和公共服务，发挥小城镇连接城市、服务乡村的作用。把乡镇建设成为服务农民的区域中心，实现县乡村功能衔接互补。

其次，要加强农村公共服务建设制度供给。其一，要深化基本公共服务预算管理制度改革。规范、合理编制基本公共服务项目预算，明确各类基本公共服务财力保障标准，加大基本公共服务预算项目公开力度，强化基本公共服务预算项目追踪问效的力度，促进预算监督的有效运行。其二，要探索建立区域财力均衡保障机制，加快推进区域基本公共服务均等化。深入推进财税体制改革，突出基本公共服务均等化的目标要求，逐步建立起权责清晰、财力均衡、持续有力的基本公共服务财力保障机制。重点加快提高基本公共服务的统筹层次，加大对困难地区的财力平衡力度，增强欠发达地区、重点生态功能区、农产品主产区、边境地区等的基本公共服务财力保障。其三，要完善多元参与供给机制。明确各级各类基本公共服务标准，并适时提升标准，建立基本公共服务覆盖范围的动态调整机制。明确各级各类基本公共服务质量要求，将可及性、获得感和满意度作为重要衡量指标。进一步规范公众需求偏好收集、服务流程和奖惩问责等管理机制，确保基本公共服务供给有效运行。

再次，要健全基本公共服务法律体系。加快完善基本公共服务法律体系、推动均等化政策法治化。及时总结各地基本公共服务均等化成功实践经验，将其上升为国家法律法规，构建以宪法为根本，以公共服务基本法律、专门法律和行政法规为主干，以地方性法规和行政规章为补充的层级完备、与时俱进的现代基本公共服务法律体系。如借鉴《中华人民共和国公共文化服务保障法》的立法经验，推动出台基本公共服务相关法律，明确各参与主体的责任，特别需要明确中央和地方政府在基本公共服务中的事权和支出责任划分。此外，要加强基本公共服务均等化政策落实部门协作。均等化政策涉及多个部门，为避免基本公共服务供给碎片化，需要在政策落实中加强部门协调、完善信息共享。

最后，要强化政策绩效评估。一方面，开展结果导向的政策实现程度评估，补齐服务短板。从实现程度、成本—收益、障碍因素等多个方面确立评估框架，根据评估结果和障碍因素判断基本公共服务均等化存在的短板，并有针对性地调整相关措施。优化政绩考核指标，将均等化政策落实效果纳入政府绩效考核的范围，确保各项政策落地见效。另一方面，启动基本公共服务质量监测工作，提升服务质量。尽快建立以监测主体、范围、类型、指标、方法、原则、结果反馈和监督问责等为主要内容的基本公共服务质量监测体系，开展标准制定、数据持续收集、质量评估、结果反馈和质量改进等质量循环监测工作，不断提高基本公共服务满意度。

第二篇

农村社会事业发展专题研究报告

专题一　传统村落保护与开发：
现状、问题及建议

传统村落传承着中华民族的历史记忆、生产生活智慧、文化艺术结晶和民族地域特色，维系着中华文明的根，寄托着中华各族儿女的乡愁，是不可再生的文化资源，具有重要的历史文化艺术价值。党的十八大以来，传统村落保护工作不断加强，保护好传统村落、民族村寨成为发展乡村休闲旅游、建设美丽宜居乡村、传承农村优秀传统文化的重要手段。与此同时，一些传统村落年代久远，保护难度较大，一些地方存在对传统村落保护不力、开发过度等现象。2021年2月14日，云南省临沧市沧源佤族自治县勐角乡翁丁村老寨发生火灾，经全力抢救虽无人员伤亡，但大火烧掉的不仅仅是房子和村民的物质损失，其造成的文化遗产损毁更是无法估量，拥有400年历史的中国佤族文化和传统建筑风格的原生态村落不复存在，再次引发我们对传统村落保护和开发的思考。

一、我国传统村落保护与开发现状

（一）保护力度不断加大

传统村落是优秀的历史文化遗产、是弘扬传统文化、实施乡村振兴战略的重要载体。我国传统村落保护发展经历了从注重严格保留传统村落空间格局、形态特征、建造技艺的"抢救式"保护阶段逐步向"延续—挖掘—创新"的可持续发展方式转变的过程，在保护村落本体的同时，也兼顾社会发展需求和村民使用要求的变化，使传统村落在发展过程中实现更新与活化。

党的十八大以来，我国传统村落保护制度框架不断健全。2012年，住房城乡建设部、文化部、财政部联合公布第一批646个中国传统村落名录。2013年中央1号文件提出，要制定专门规划，启动专项工程，加大力度保护有历史文化价值的民族、地域元素的传统村落和民居。2014年中央1号文件提出，要切实加大对传统村落和民居的投入和保护力度，建立保护名录，制定保护发展规划。2015年中央1号文件强调，完善传统村落名录和开展传统民居调查，落实保护规划。住房城乡建设部、文化部等七部委联合发出通知，针对《关于切实加强传统村落保护的指导意见》的落实情况开展专项督查，实施挂牌保护制度，完善了多部门保护机制。传统村落的基本家底摸清，国家逐步从体系构建、政策支撑等方面加以完善，对中国传统村落实施全面保护。

2016年以来，传统村落保护发展的技术方法更加成熟、保护发展视野逐步拓宽。国家不仅继续加强对文化遗产的保护，关注设施的提升、产业的发展，而且推进文化、农业、旅游等产业深度融合。2017年，中办、国办印发《关于实施中华优秀传统文化传承发展工程的意见》提出，要加强历史文化名城名镇名村、历史文化街区、名人故居保护和城市特色风貌管理，实施中国传统村落保护工程，做好传统民居、历史建筑、革命文化纪念地、农业遗产、工业遗产保护工作。2018年，在乡村振兴战略背景下，传统村落保护发展工作也由保护上升至传承文化的高度。2020年5月，住房城乡建设部印发《关于实施中国传统村落挂牌保护工作的通知》，要求对传统村落实施挂牌保护。截至2021年，已有五批共6 819个有重要保护价值的村落入选中国传统村落名录。

（二）开发模式更加多元

传统村落不能复制，也不能移动，具有明显的地域性、稀缺性和原生态性。随着我国大力推动乡村旅游发展，传统村落的独有特性使其日益成为旅游业的热点。全国各地不断探索以传统村落开发和保护为核心的乡村旅游模式，既促进农村经济发展，又有效提升了传统村落的保护水平。

这些开发模式按照推动主体分大致可以归为四类：一是农业农村部门推动开发。由农业农村部门主导，各相关部门积极配合，抓好传统村落的保护、文化传承和开发工作，扶持发展休闲农业和乡村旅游。同时，积极协调财政资金投入，并为加强传统村落的开发与保护工作献计献策。二是企业整体接管开发。一些传统村落被企业看中以后，村民全体搬出，由企业整体接管并开发。例如，云南沧源佤族自治县翁丁村老寨由沧源县文化旅游产业开发投资有限公司开发，打造翁丁村老寨旅游产业，各类投资达 2 亿多元。翁丁被规划为景区后，当地不仅给村民在新寨修建了新房，柏油硬化路也修到了每家每户门口。三是企业与村民共同开发。一些企业与村民共同开发传统村落资源，既激发了村落发展的活力，又促进了村民增收致富。例如，安徽黟县宏村引入中坤公司，整体开发宏村的传统村落资源。在中坤公司的积极推动下，宏村被选入联合国教科文组织的世界文化遗产名录，由此带来了大量的旅游收入，公司和村民按照一定的比例对门票收入进行分成。四是非营利机构与村民共同开发。为了更好地保护传统村落风貌，一些非营利机构也参与到传统村落的开发和保护中去。例如，中国城市规划设计研究院、北京大学社会学系、北京建筑大学等联合团队在安徽潜山万涧村、绩溪尚村两地开展皖南传统村落保护试点项目，以多专业协同的陪伴式规划，综合解决传统村落在传统建筑、社会组织、产业发展、文化传承等领域的问题，探索出兼顾村落保护与可持续发展的非营利机构与村民共同开发模式。

随着城镇化进程加快，大量农村人口转移，传统村落面临着人口大量减少的危机。诸多以村落为基础的传统文化的生存、适应、演变、转型、消亡等问题成为经济社会发展过程中无法回避的重大问题。在延续已有支持政策的基础上，进一步优化完善传统村落保护与开发机制迫在眉睫。

二、促进传统村落保护与开发的主要举措

（一）持续加大政策支持

中共中央、国务院印发的《乡村振兴战略规划（2018—2022年)》明确指出，历史文化名村、传统村落、少数民族特色村寨、特色景观旅游名村等自然历史文化特色资源丰富的村庄，是彰显和传承中华优秀传统文化的重要载体。要统筹保护、利用与发展的关系，努力保持村庄的完整性、真实性和延续性。住房城乡建设部等部门印发《关于切实加强中国传统村落保护的指导意见》《中国传统村落警示和退出暂行规定（试行)》等文件，在认定五批中国传统村落和七批中国历史文化名镇名村的基础上，完善中国传统村落名录制度，切实加强中国传统村落保护。文化和旅游部等部门印发《关于促进乡村旅游可持续发展的指导意见》《国家级文化生态保护区管理办法》等文件，提出要支持传统村落、街区、社区建设，让传统村落、街区、社区成为非物质文化遗产传习和展示的空间。依托风景名胜区、历史文化名城名镇名村、特色景观旅游名镇、传统村落等，探索名胜名城名镇名村"四名一体"全域旅游发展模式。在保护的基础上，有效利用文物古迹、传统村落、民族村寨、传统建筑、农业文化遗产、非物质文化遗产等，融入乡村旅游产品开发。北京、湖南、云南、河南、安徽等省（市）还专门出台了关于加强传统村落保护发展的指导意见，将传统村落保护与非遗传承、乡村

旅游等有机结合，有效提升传统村落的发展活力和保护水平。

（二）不断强化政府责任

近年来，国家高度重视科学保护和合理开发各民族优秀传统文化。为有效提升传统村落保护水平，促进传统村落的发展，住房城乡建设部、文化和旅游部、农业农村部等有关部门联合开展中国传统村落保护发展行动，相关部门按照职能分工，细化实施责任和目标任务，制定具体措施，明确进度安排，逐项推动落实，促进传统村落有效保护和利用。各部门持续开展传统村落遗产资源评估与活化利用研究，探索差异化的民族地区传统村落保护发展模式，积极引导地方政府有规划、有步骤地整合开发传统村落，推动乡村文化发展与市场接轨。在省级层面，大部分都建立了省级传统村落保护发展工作联席会议制度，由分管副省长任联席会议总召集人，住房城乡建设厅、财政厅、自然资源厅、农业农村厅、文化和旅游厅、文物局等部门负责人为成员，统筹协调传统村落保护省级层面的工作，联席会议办公室一般设在省住房城乡建设厅。市州、县市区层面也逐步建立健全由市农委、市规划国土委、市文物局、市住房城乡建设委牵头，相关部门参加的市级传统村落保护发展联席会议制度，有的还建立了市级传统村落保护发展专家组。相关县政府作为传统村落保护发展工作的责任主体，负责传统村落保护项目的具体实施，制定年度保护修缮计划，细化工作任务、明确时限和要求、完善政策措施、加强督促检查，确保传统村落保护发展任务落实到位。有传统村落的乡镇均明确了专门人员配合做好监督管理工作，传统村落所在的村也把保护要求写入村规民约。

（三）争取各类资金支持

近年来，中央在明确各级政府事权和支出责任的基础上，建立了传统村落保护资金筹措机制，统筹农村人居环境整治、农村综合改革试验、"一事一议"财政奖补、美丽乡村建设、国家重点文物保护、中央补助地方文化体育与传媒事业发展、非物质文化遗产保护等专项资金，支持中国传统村落保护发展，还鼓励地方各级财政在中央补助基础上加大投入力度。支持范围包括传统建筑保护利用示范、防灾减灾设施建设、历史环境要素修复、卫生等基础设施完善和公共环境整治、文物保护、国家级非物质文化遗产代表性项目保护，引导社会力量通过捐赠、投资、入股、租赁等方式参与传统村落的保护，探索建立传统建筑认领保护制度。中央财政对国家认定的传统村落支持力度为平均每村 300 万元，各地对传统村落保护的支持力度一般根据地方财力和重视程度来决定。例如，河南省级财政对每个村庄的投资总额估算不超过 500 万元。一些交通比较方便、特色比较鲜明的传统村落往往有社会资本介入，支持其开展企业化经营。

（四）严格保护发展规划管理

各地按照《中华人民共和国城乡规划法》以及传统村落保护发展基本要求，编制和审批传统村落保护发展规划。在规划审批前，由住房城乡建设部门、文化和旅游部门、国家文物主管部门、财政部门等组织技术审查，尤其是涉及文物保护单位的，必须在编制文物保护规划并履行相关程序后再纳入保护发展规划。涉及非物质文化遗产代表性项目保护单位的，由保护单位制定保护措施，报经评定该项目的文化主管部门同意后，纳入保护发展规划。规划区内新建、修缮和改造等建设活动，要经乡镇人民政府初审后报县级住房城乡建设部门同意，并取得乡村建设规划许可，涉及文物保护单位的应征得文物主管部门的同意，严禁拆并传统村落。保护发展规划未经批准前，影响整体风貌和传统建筑的建设活动一律暂停。涉及文物保护单位区划内相关建设及文物迁移的，应依法履行报批手续。传统建筑工匠应持证上岗，修缮文物建筑的应同时取得文物保护工程施工专业人员资格证书。

三、传统村落保护和开发存在的突出问题

（一）传统村落存在衰败和消亡风险

我国现存传统村落 6 000 余个，一些地方传统村落持续呈现出衰败的趋势。传统村落衰败的原因包括农村人口外流、农村人际关系格局变化、农村传统文化变迁以及城镇化进程加快等诸多因素。近年来，大城市的财富和机会吸引了众多农村年轻人外出打工或求学，农村人口涌向城市，不少村落被空置甚至遭遗弃，很多传统村落也普遍面临严重的老龄化和空心化问题。而交通、信息网络改善、人口流动增加等加剧了外部文化向农村渗透，一些传统村落原有人际关系格局剧变、村落文化日益衰败，部分延续几千年的传统村落及其文化面临消失的危险。尽管《中华人民共和国文物保护法》《历史文化名城名镇名村保护条例》等明文规定了传统村落的保护问题，在城乡建设和规划领域也明确了规划对传统村落和文物古迹的保护责任，但一些地方在乡村建设过程中，片面追求政绩和经济指标，从而造成比较严重的古村落建设性破坏的现象。

（二）缺乏整体保护理念

传统村落保护是一项系统工程，但一些地方政府缺乏整体的保护理念，村民改善自身居住条件的愿望与保护传统村落的矛盾日益尖锐。有的村民为了经商需要，随意搭建用房，破坏了传统村落的整体格局。从地方政府层面来看，有的地方在大力推动乡村旅游产业、享受经济发展实惠的同时，忽略了对环境、资源与民俗的保护，甚至出现了"人造"传统村落的现象。一些地方政府忽视对村民和游客的教育引导，以至于许多传统村落存在不同程度的脏乱差现象，影响传统村落的品质。加上旅游开发导致游客大量涌入村

落，对传统村落的环境承载能力提出了巨大挑战。

（三）传统村落保护资金不足

保护传统村落需要大量的资金支持，但大部分传统村落在保护工程中都面临资金缺乏的难题。受自身经济能力的制约，也有受地方有关规定的限制，很多村民仍把古民居用作住宅。由于年代久远，必须进行经常性维修，但由于维修费用不足，很多维修工作出发点是延续住宅的使用性，忽视了保护民居的原真性。而巨大的维修费用不仅增加了居民的负担，而且制约了传统村落价值的实现。自 2014 年以来，中央财政开始支持传统村落保护工作。中央财政已投入上百亿元经费，但远远不能满足村落保护的需求。一些古村落古建筑保护和维修翻新的技术要求复杂，其成本甚至高于将原有建筑推倒重建的费用。在中央财政资金支持传统村落保护工作的同时，也亟须地方财政集思广益，采取多种方式筹集资金，引导社会资本投入保护工作中。

（四）开发和利用方式不科学

如何在保护传统村落的同时，对其进行科学的开发和利用，已成为各地普遍面临的一大难题。许多农村基层干部认为，开发和利用就是对古村落最好的保护。然而，有的地方在保护和发展传统村落过程中都和旅游公司合作，开发乡村旅游项目，导致传统村落的过度商业化。有的地方只注意到传统村落的经济价值，而忽视了其文化价值、社会价值，把旅游开发当作传统村落保护发展的主要甚至唯一出路。盲目开发使原本宁静的村落变得喧嚣，古朴的村寨成为简单的商品卖场，传统村落逐渐失去其原生态的美，也丢失了乡愁记忆。经济价值只是传统村落全部价值中很小的一部分，如果因为开发而丢掉了文化神韵，就会导致传统村落得而复失。

（五）村民主体意识缺乏

村民是传统村落的主人，是传统村落实际上的使用者和管理者。而现实情况是，作为村落保护参与主体的村民却普遍处于被动地位。村民普遍缺乏传统村落保护意识，没有认识到自己世代居住的古村落的重要历史和文化价值。实践中，许多村民非但未能有效发挥保护传统村落的主体作用，反而成为传统文化的破坏者。传统村落保护政策和管理措施固然重要，但传统村落的保护与发展离不开村民的支持，必须由村民自觉承担起保护家园的责任。同时，由于许多传统村落的大部分青壮年劳动力外出打工，村子里基本只剩下"三留守"人员。这部分留守人群难以参与到传统村落的保护中来，导致传统村落保护的各项措施很难落到实处。

四、优化完善传统村落保护与开发机制的建议

传统村落的保护和开发是继文物保护单位、历史文化名城、名镇、名村之后又一项重要的工作。传统村落的保护与开发应按照党的十九届五中全会提出的"保护传统村落和乡村风貌"的要求，充分考虑传统村落村民的实际需求，坚持规划先行、统筹指导，整体保护、兼顾发展，活态传承、合理利用，政府引导、村民参与的原则，既注重保护又注重发展，合理利用传统村落各种资源，在发展中更好地进行保护，让传统村落的优秀文化得到延续和传承。

（一）统筹规划传统村落保护工作

做好传统村落保护工作，必须让各级领导干部对传统村落的保护和建设标准有清楚的认识，有传统村落建设项目的区域做好规划，避免各自为政的现象发生。要建立健全由中央和国家相关部门共同组成的传统村落保护联席会议制度，统筹推进传统村落保护。

同时，地方各级政府部门要对传统村落保护与发展进行科学谋划，使传统村落走上可持续健康发展的良性轨道。正确处理传统村落保护与发展之间的关系，纠正急功近利思想，杜绝盲目、无序的建设。各级地方政府应本着文化自觉的理念，制定长远规划，积极开展传统村落保护工作，既注重对传统村落的文化传承，又要防止片面追求经济利益，处理好文化传承与经济发展的关系。

（二）健全传统村落保护的制度体系

保护传统村落是讲好中国故事、记得住乡愁、促进乡村振兴的重要手段。传统村落保护工作涉及面广、情况复杂、工作难度大，必须健全传统村落保护的制度体系。首先要加强立法工作。加快制订与保护传统村落相关的法规、条例，以法制方式解决传统村落保护工作中的申报认定、体制机制、规划管理、保护利用等方面突出问题，增强立法的针对性、实效性和可操作性。其次，要加强部门规章的管理。国家和省级住房城乡建设部门、文化和旅游部门、农业农村部门、文物管理部门、财政部门等要进一步明确在保护传统村落中的职责，形成保护的合力。再次，要加快完善地方法规。要对传统村落的认定、管理、保护和利用作出详细规定，通过地方性的法规和办法明确，县级人民政府对本行政区域内的传统村落保护发展负主要责任，应当加强对传统村落保护工作的领导，统筹推进传统村落保护发展各项工作；乡镇人民政府负责本乡镇内的传统村落保护发展的具体工作，加强对传统村落保护项目的实施和日常管理；村（居）民委员会应当参与传统村落保护发展规划的编制和实施，组织订立传统村落保护和发展的村规民约，并督促实施。

（三）广泛吸纳多元投资主体

传统村落的保护与开发需要大量的资金投入和技术力量支持，因此要鼓励多元主体进行投资，引导社会力量共同支持传统村落的

112

保护与开发。中央财政要继续发挥好专项资金的引导作用，合理加大资金支持力度，做好被列入中国传统村落名录的村庄的保护工作。文化和旅游部、住房城乡建设部、农业农村部等有关部门要继续落实好相关政策，进一步为传统村落的保护和开发提供资金、政策、技术等多方面支持。除了中央财政和有关部门需要加大支持力度以外，地方政府也要强化传统村落保护意识，并在财政资金支持上给予更多倾斜。此外，各地要多渠道积极筹集传统村落保护资金，尽可能动员社会力量诸如村民、专家学者、各类社会团体等参与保护工作，鼓励企业、民间机构、事业单位、协会组织等对传统村落的保护进行投资或者捐资，实现资金来源多元化、投资常态化。

（四）科学开发传统村落资源

在乡村建设行动的大背景之下，传统村落保护与开发两者是相辅相成、相互促进的关系，前提应该是坚持以发挥其文化价值为基本出发点，而非片面追求经济利益。传统村落开发不能无原则地迎合市场，必须将其与保护工作相结合。要遵循监管和开发并重的原则，推动传统村落发挥应有的作用。在监管上，有关部门要严格执法，确保其价值不会遭到破坏。在开发上，要积极创新传统村落的管理模式，推动其不断走向繁荣。要有效发挥传统村落在民居、乡土文化、特色农业等方面的资源禀赋优势，积极与企业对接，拓宽特色产业发展领域，发展乡土文化教育基地、休闲养生、生态旅游等特色产业。要大力倡导"授之以渔"，充分发挥传统村落所在地干部群众的积极性和主动性，有序开展开发利用。

（五）发挥村民的主体作用

世代生活于传统村落的村民不仅是村落生活的主体，也是村落文化的创造者。因此，做好传统村落的保护，必须唤起村民参与保护的自觉意识，发挥村民的主体作用。要充分尊重村民意愿，努力回应村民诉求，与村民一起探讨科学合理的方法，充分调动其积极性主动性创造性，使传统村落保护和开发既有利于文化传承，又能增进民生福祉。要充分利用广播、电视、网络等多种方式向村民宣传传统村落保护的基本知识，不断增强村民参与传统村落保护的自觉性。要充分调动村民的积极性，促进村民观念从"被动保护"向"主动保护"转变，引导村民以实际行动支持传统村落的保护和发展。要加强村民尤其是年轻人对本村传统文化的学习，激发年轻一代参与保护的兴趣与热情。要切实考虑村民的合理利益，将传统村落保护与美丽乡村建设、乡村振兴等发展战略统筹考虑，兼顾政府、集体、个人、企业等多方利益，使村民在发挥主体作用的同时，能够真正享受到传统村落保护与开发所带来的"红利"。

传统村落火灾的教训与启示

近年来，传统村落发生火灾已不是个别现象，2013 年 3 月，云南丽江古城景区发生火灾，13 户 103 间建筑被烧。2014 年 1 月，云南独克宗古城突发大火，300 多座老屋被烧毁；同月，贵州省镇远县报京乡报京大寨火灾，造成 1 000 余间房屋受损。传统村落火灾发生既有普通村庄存在的问题，又有区别于普通村庄的原因。

从火灾发生原因看，以贵州省为例，根据 2000—2015 年传统村落火灾分析，主要原因可归纳为电气、生活不慎、生产作业、玩火、故意纵火等。其中，电气火灾占比最高，为 42.5%，主要为电线老化、短路、其他故障引发明火导致。第二为生活不慎引发的火灾，具体包含吸烟、燃放烟花、厨房做饭等，占比 25.8%；不明原因引起的农村火灾占比 9.6%，小孩玩火、故意纵火、其他原因的火灾比例分别占 6.3%、5.6%、5.5%；生产作业、自然、雷击引发的火灾则为小概率事件。传统村落开发利用过程中，商业和旅游增加了用火频度。例如，原先居民的住宅，改造为商店后增大了建筑内的火灾荷载密度，改造为餐饮店后增加了动用明火的频次，改造为娱乐场所后增大了用电负荷，这些都增加了火灾风险。云贵地区的传统村落以木结构为主，往往密集连片，一旦某处木构件发生火灾，不可避免地将会出现大面积的火势蔓延。

从防灾管理来看，一是很多传统村落将财政补助资金主要用于道路建设、供水、垃圾处理等人居环境改善，对消防设施投入欠账较多。二是一些古村落中有的消防栓只是摆设，消防栓水压不足或者没有接通水管的情况时有发生。比如云南翁丁村老寨火灾，其重要教训之一就是消防设施配置不完善，没有按照消防要求配置公共消防设施和建筑内部的消防设施，未能有效规避"火烧连营"的情况。三是地方政府和有关部门消防安全责任落实不到位，消防安全意识不足，消防安全管理制度不健全，日常管理、消防演练流于形式，导致在发生火灾时未能及时处置。

传统村落是民族的宝贵遗产，凝结着历史的记忆，也是不可再生的、潜在的旅游资源。我国已有 5 批 6 819 个村落被列入"中国传统村落名录"，要从防灾设施、消防管理、居民意识等方面施策，让传统村落远离火灾。

一要健全消防设施。传统村落在修缮过程中，要有专门的消防规划，合理布局建设消防水池、消防通道、消防栓等，消防设施的外观设计尽量与传统村落的风格相匹配。村里配备小型、轻便、高效、灵活机动的灭火救援装备和器材。以木质房屋为主的传统村落，房屋修缮和改造要充分考虑防火，引导每家每户配备灭火器。

二要提高应急能力。完善应急机制，认真做好消防演练，不能只是走走过场。提高基层消防巡查执法和及时处置火灾能力，与村（居）委会的义务或者志愿消防专业队伍进行无缝对接，全面提升传统村落火灾防控综合能力。科学研判旅游、商业开发所带来的火灾风险，针对各项风险提出有效的防控措施。

三要落实监管责任。强化火灾隐患排查整治工作，落实相关部门责任，加强传统村落的建筑、商铺、民宿、人员密集场所等消防专项治理工作，明确公共消防基础设施的建设、管理、维护和使用主体，切实消除火灾隐患。

四要提高居民意识。加强当地居民、游客等主体的防火意识，定期开展防火教育宣传。鼓励传统村落成立消防宣传队，开展日常的防火宣传，尤其加大春冬季节防火宣传。做好重大节日和节庆活动的防火工作，做实做细预案提升居民的防火意识。

专题二　农村留守儿童：发展现状、面临问题与政策建议

改革开放后，随着我国经济社会发展和工业化、城镇化进程推进，大量农村劳动力进城务工，但受工作不稳定和居住、教育、照料等客观条件限制，有的选择将未成年子女留在家乡交由他人监护照料，导致大量农村留守儿童出现。农村劳动力外出务工对改善自身家庭经济状况起到了重要作用，客观上为子女的教育和成长创造了一定的物质基础和条件，但也导致部分儿童缺乏亲情关爱和有效监护，出现心理健康问题甚至极端行为，遭受意外伤害甚至不法侵害。

随着农村留守儿童问题日益引起全社会关注，各地区、各有关部门积极开展农村留守儿童关爱保护工作，对促进广大农村留守儿童健康成长起到了积极作用。特别是2018年民政部等26个部门建立农村留守儿童关爱保护和困境儿童保障工作部际联席会议制度，进一步加强了对农村留守儿童关爱保护和困境儿童保障工作的组织领导和统筹协调。近年来，党中央国务院作出脱贫攻坚、新型城镇化、实施乡村振兴等重大战略部署，各地也大力推动农民工返乡创业、就业扶贫、随迁子女就地入学等工作，为从源头上减少儿童留守现象提供了有力的政策支持。

农村留守儿童问题是我国经济社会发展的阶段性问题，是我国城乡发展不均衡、公共服务不均等、社会保障不完善等问题的深刻反映。当前，我国农村留守儿童群体呈现一些新特征，农村留守儿童关爱保护工作也面临一些新问题和新挑战。比如，一方面，要通过巩固脱贫攻坚成果，促使"造血式"脱贫可持续发展，促进留守儿童摆脱生存性问题；另一方面，伴随着乡村振兴的全面推进，留守儿童将更多面临环境适应、情感调整、社会化知识更新等发展性问题，关爱保护工作内容和重心也需要及时进行调整。本报告将结合统计数据和以往的实地调研资料，对留守儿童的总体特征及演变趋势进行分析，并针对农村留守儿童表现出的多元化问题，提出相应对策建议①。

一、农村留守儿童的总体性特征

（一）总体规模不断减少

我国农村留守儿童数量呈现先增加后减少的发展趋势。这其中既充分体现了国家支农惠农政策的积极效应，又和统计口径变化直接相关。据全国妇联课题组发布的数据显示，以不满 18 周岁且父母双方或一方外出务工为口径估算，2013 年我国农村有 6 102.55 万留守儿童，占农村儿童的 37.7％，占全国儿童的 21.88％。2016 年，国务院印发《关于加强农村留守儿童关爱保护工作的意见》，首次明确了"留守儿童是指父母双方外出务工或一方外出务工另一方无监护能力、不满十六周岁的未成年人。"根据摸排口径逐村逐户进行入户调查、甄别确认，全国共摸底排查出农村留守儿童 902 万人。随着农村留守儿童关爱保护更加制度化、人性化，2018 年我国农村留守儿童下降为 697 万人，比 2016 年下降了 22.7％。根据民政部的统计数据，截至 2020 年底，全国共有农村留守儿童 643.6 万人，比"十三五"初期下降了 28.6％②。农村留守儿童数量规模的大幅减少，也意味着我国在减少农村留守儿童、关爱农村留守儿童等方面取得了积极成效，儿童成长环境不断改善、安全更

---

① 资料来源于中国农业大学人文与发展学院研究团队，调研范围为河南省固始县郭陆滩镇太平村、江西省永丰县八江乡高家村和贵州省榕江县寿洞村。

② 《重塑乡村活力 给留守儿童更多关爱》，人民日报，2021 - 7 - 9，http：//hb. people. com. cn/n2/2021/0709/c194063 - 34812625. html.

有保障。

（二）以义务教育阶段年龄为主

数据显示，我国农村留守儿童年龄结构总体呈现由低龄化转向以义务教育阶段年龄为主的发展趋势。2005—2015 年，我国农村留守儿童中的学龄前儿童比例逐步增加，小学、初中和大龄留守儿童比例逐步下降，10 年间我国农村留守儿童年龄结构整体呈现低龄化趋势。2015 年，学龄前农村留守儿童数量占比为 40.34%。到 2018 年，根据民政部公布的数据，我国 0～5 岁的学龄前农村留守儿童比例下降到 21.7%，6～13 岁的农村留守儿童规模最大，占比 67.4%，学龄前阶段的农村儿童出现了明显下降趋势。

（三）区域性分布差异明显

从整体上来看，我国农村留守儿童主要集中在中西部劳务输出大省，其中中部地区的留守儿童比例最高，西部地区次之，东部地区最少。从 2018 年的统计数据来看，四川省的农村留守儿童规模最大，总人数为 76.5 万，其他六个农村留守儿童人数最多的省份依次为安徽、湖南、河南、江西、湖北和贵州，人数分别为 73.6 万、70 万、69.9 万、69.1 万、69 万和 56.3 万，占全国留守儿童的比例分别为 10.6%、10.1%、10.1%、9.9%、9.9% 和 8.1%，以上七个省份的农村儿童占全国总数的 69.7%。2020 年一项针对 11 个省开展的留守儿童调研显示，农村留守率平均为 26.1%，最高的是湖南（51.3%），其次是重庆（40.0%）和河南（39.2%）。此外，安徽、贵州、云南、广西等地的农村儿童留守率也比较高，分别达到 31.3%、29.9%、26.6% 和 23.8%[1]。由此可见，我国农

---

① 《全国留守儿童调研对象》，2020 - 4 - 28，http：//www.bjdcfy.com/qita/lsetjbqkfx/2020 - 4/1320623.html.

村留守儿童的分布与地区经济发展程度以及人口总规模之间呈现一定的关联性，整体上呈现出经济发展越落后，农村留守儿童规模越大的态势。

（四）心理健康问题更为突出

留守儿童的健康情况包括身体健康和心理健康两个方面。从身体状况来看，我国绝大部分农村留守儿童的身体健康状况良好。据民政部 2018 年公布的数据显示，身体健康儿童占全国农村留守儿童的比例为 99.4％，身体残疾的农村留守儿童占比为 0.5％，患病的农村留守儿童占比为 0.1％。从数量上来看，2018 年全国的残疾和患病的农村留守儿童总人数为 4.5 万人，主要集中在湖北、湖南、四川、江西四个省份。从心理健康来看，由于农村留守儿童的父母中的一方或父母双方均远在他乡，农村留守儿童难以得到来自父母的日常关怀，容易产生具有潜在性和隐蔽性的心理问题。2021年，中国科学院心理研究所发布的《乡村儿童心理健康调查报告》显示，乡村留守儿童抑郁检出率为 28.5％，过度焦虑检出率为27.7％，均明显高于非留守儿童[1]。整体而言，我国农村留守儿童的心理健康问题更为突出，女性留守儿童更容易产生抑郁情绪[2]，需要社会各界更多关注。

（五）儿童入学率较高

接受良好教育是农村留守儿童摆脱留守困境，改变自己和家庭命运的重要途径。全国农村留守儿童和困境儿童信息管理系统数据显示，从 2018 年我国农村留守儿童入学情况看，义务教育阶段的

---

[1] 《乡村儿童心理健康调查报告》，2021 - 11 - 30，http：//www.ce.cn/cysc/yy/hydt/202111/30/t20211130_37126848.shtml.

[2] 陈泳如，凌媚芳．近 15 年我国留守儿童心理健康状况研究的元分析［J］．求学，2020，4（23）：1-2.

入学比例为 78.2%，比 2016 年增长了 12.9%。具体来看，截至
2018 年，我国小学在读的农村留守儿童比例为 51.9%，初中在读
的比例为 19.5%，高中在读的比例为 2.2%，中职在读的比例为
0.1%，幼儿园在读的比例为 18.4%，未入园的低龄留守儿童比例
为 7.1%，适龄却未入学的农村留守儿童比例仅为 0.8%。2020 的
一项调查数据显示，在上学方式上非留守学生走读的比例高达
80.8%。相比之下，"缺少双亲留守"的学生走读的比例仅占
67.5%，住校的比例超过 30%①。以上数据说明我国农村留守儿童
入学率较高，在学阶段主要集中在义务教育阶段的小学和初中。

二、农村留守儿童群体的趋势性变化

随着经济社会的发展变迁，农村留守儿童面临着社会环境上的
新变化，群体内也开始逐渐分化。这一群体的生活状态和成长境遇
很难用一个整体性的概念对其进行界定，不同地区的农村留守儿童
在具有共性特征的同时还衍生出一些差异性特质。

（一）从常态家庭的留守儿童到困境家庭的留守儿童转变

改革开放之初，农村劳动力外出务工的工作环境和条件较为相
似，使得早期的农村留守儿童群体内部的差异较小，面临的问题更
具有普遍性和一般性。进入 21 世纪后，第一代农民工逐步退出历
史舞台，第二代农民工或新生代农民工逐步成为农民工的主力或主
体。新生代农民工对家庭的责任比起父辈大大弱化，年轻夫妻有的
外出一年才回一趟家，有的甚至几年回一趟家。在这种情况下，一
些留守儿童通过随迁进城或父母返乡创业摆脱了留守农村的生活状

---

① 《留守儿童蓝皮书——中国留守儿童心理发展报告》，公益时报，2021 - 2 - 23，
http：//www.gongyishibao.com/html/yanjiubaogao/2021/02/16792.html.

态，而一部分留守儿童由于监护缺失或监护失当逐步陷入困境。这部分农村留守儿童由于自身或家人患病、残疾或家庭结构不完整等原因，留守生活更加艰难，不仅难以摆脱留守农村的现状，也易受到身心方面的威胁或侵害。

GXH，两岁半，男，患重病儿童，单亲留守。GXH 的家庭在贵州省榕江县寿洞村，父亲外出打工，平时由爷爷奶奶在家照顾，家里就祖孙三人。据爷爷奶奶说，儿子在外面打工，儿媳因为各种原因离开了家、抛弃了孩子。GXH 出生后身体就不好，现在两岁半了还不会走路、不会说话，经常发高烧，也总是不肯吃饭。奶奶就把糖果和炒米等零食拿给他当成饭吃，意识不到小孩成长过程中营养均衡的重要性。GXH 经常发烧生病，家里为医治他花光了所有积蓄、背负了巨额债务。爷爷打算卖掉农村唯一的住房，然后一家人外出打工，用以给 GXH 治病和还债。

农村困境留守儿童由于遭遇多重困境，生存处境更为不利，留守状态也更加固化。2016 年 6 月出台的《国务院关于加强困境儿童保障工作的意见》将困境儿童分为三类：一是因家庭贫困导致生活、就医、就学等困难的儿童，二是因自身残疾导致康复、照料、护理和社会融入等困难的儿童，三是因家庭监护缺失或监护不当遭受虐待、遗弃、意外伤害、不法侵害等导致人身安全受到威胁或侵害的儿童。从目前看，脱贫攻坚战目标胜利完成后，农村留守儿童中第一类困境儿童大大减少，但后两类困境儿童依然存在，且往往处于更隐蔽的留守困境状态。

（二）由农村留守到城市流动与农村留守相结合转变

近年来，我国农民工群体在城市的发展机会逐渐增多，生活质量和经济收入显著提升，社会融入和市民化水平也迅速提高。与早期的农村留守儿童相比，当前的留守儿童所处的社会与制度环境更优越，摆脱留守的机会和可能性也更大。比如，2015 年颁布的《居住证暂行条例》为随迁子女在流入地接受教育创造了条件。2016 年 2 月，国务院印发的《关于加强农村留守儿童关爱保护工作的意见》明确要求外出务工人员要尽量携带未成年子女共同生活。宏观政策环境的调整和父代经济状况的改善，使得农村留守儿童逐渐具有"流动＋留守"的双重经历。

12 岁的 MXR，家在河南省固始县太平村，秋季开学要去县城的私立中学读初一。她父母早期在郑州打工，MXR 在郑州出生，4 个月的时候被送回太平村，由爷爷奶奶照顾。8 岁的时候，其父母转到天津打工，并接她到天津上二年级。MXR9 岁返回太平村读 3 年级直至现在。在她看来，在天津学习时有外出参观机会，能学到不少知识、可以开阔眼界，城里的环境较好，比较干净，但农村空气好，而且家里有菜园，地里的菜可以随时采摘。太平村有很多留守儿童都有过城市流动经历。

农村留守儿童"流动＋留守"的双重经历，为关爱保护留守儿童提出了新要求。一方面，他们认同城市里相对优越的物质环境和教育环境，需要加大支持力度，完善政策体系，逐步扩大随迁子女进城落户的数量，保障在迁入地享有公平而有质量的教育；另一方面，他们对农村的生活环境和生活习惯更为熟悉，需要创造更好的政策环境、产业环境，积极吸引部分农民工返乡创业、就地转移就业，更多依靠乡村全面振兴从根本上解决农村留守儿童问题。

（三）留守儿童情感寄托由现实生活向虚拟空间转变

由于进城务工父母与子女的长期分离，隔代照料只能满足留守儿童温饱等基本需求，留守儿童成长所需的心理抚慰、智力开发、素质拓展等高质量的陪伴严重缺乏。在互联网快速发展的背景下，成瘾性网络游戏、不良小说、互联网赌博等越来越多地影响到农村留守儿童的日常生活。中国互联网络信息中心联合发布的《2020年全国未成年人互联网使用情况研究报告》显示，农村未成年人互联网普及率达到94.7%，其中小学生和初中生分别为92.1%和98.1%，整体上拥有属于自己的上网设备的已达82.9%。这意味着，大多数留守儿童都有着接触网络的机会。有研究表明，农村留守儿童首次触网年龄在10岁以下的比例高达91.8%，其中46.5%的留守儿童在学龄前就开始接触互联网。互联网正在成为一些留守儿童寄托情感的主要平台，他们比非留守儿童更迷恋网络虚拟空间中的交流与交往。一些留守儿童沉迷游戏、行为失范、价值观错位，学习和身心健康受到影响。东北师范大学中国农村教育发展研究院的一项调查显示，农村留守儿童每天在家上网时间超过1小时的比例为72.1%，使用电子设备的比例为87.6%，经常使用手机、电视和电脑三类电子产品的比例超过90%，在家时间用于游戏、聊天、视频、音乐等娱乐上的比例超过85%，而用在学习上的时间则不足15%[1]。农村留守儿童正处于初始社会化的年龄阶段，在缺少有效引导的情况下过早地接触互联网，容易出现更具隐蔽性和潜伏性的心理问题。

YXY，男，16岁，河南省固始县郭陆滩镇太平村人。初二在读，就读于郭陆滩镇公立中学。父母现在杭州打工，租房居住。YXY拥有一部酷派手机，价格在1 000元左右。此前也有两部手机都让父亲摔碎。第一部手机是姐姐送的，第二部和第三部是父亲在杭州为他买的。据父亲所言，YXY在初一时经常使用手机玩游戏，已达到相当沉迷的程度，学习成绩也因使用手机起伏很大。父亲在摔掉YXY的手机后，本以为他可以吸取教训，就为他买了第

---

① 《如何拯救沉迷网络的留守儿童》，2021-11-10，https：//m. thepaper. cn/newsDetail_forward_15275022.

二部手机。但 YXY 似乎并没有吸取教训，出于同样的原因，父亲摔碎了他的第二部手机。

手机游戏等互联网内容带给农村留守儿童的负面影响，不能简单化为网络问题或是游戏问题，更多的是教育缺位或监护缺失的表现。在远离家庭监护关怀且囿于学校管制的空间中，留守儿童更容易感受到焦虑与不安等压抑感，也更希望借助网络游戏来宣泄情绪、消磨时间。加之儿童本身缺乏完备的自控力和判断力，结果造成学习成绩下降，甚至出现模仿不良行为等现象。随着村庄空心化和乡村教育上移，农村留守儿童的生活圈子更加缺乏活力，现实生活中的情感寄托需求愈发得不到满足。在信息化浪潮影响下，农村留守儿童情感交流"脱实向虚"现象越来越严重，所呈现的问题也更具有隐蔽性、潜在性与扩散性。

三、农村留守儿童面临的主要问题

农村留守儿童在成长过程中所面临的问题涉及收入、环境、情感、安全健康等各个方面。同时，随着经济社会的变迁，这些问题不是单一、稳定的，而是随着新事物的发展而不断变化的。

（一）留守儿童群体存在攀比现象

留守儿童父母常年在外务工，疏于对孩子的管理和关心，往往出于补偿心理而对子女"有求必应"。父母的这种补偿心理容易诱发孩子攀比现象，而祖辈的溺爱则进一步加剧了留守儿童的攀比行为。调查发现，随着农村生活水平不断提高，在物质补偿的环境里养成了"比吃、比穿、比用"的攀比心理，使得攀比行为在留守儿童群体之间蔚然成风。一些农村留守儿童表示"希望爸妈多给零花钱，看到别人有的东西，自己也想要"。尤其是网络媒体将"消费主义"引入农村，留守儿童在监管缺失的情况下更有可能追求无节制的物质享受和消遣，是非判断能力和价值观念在一定程度上出现偏差。

（二）留守儿童群体与父母情感疏远

一般而言，大部分外出务工的农村劳动力都是半年或者一年才回一次家，有的甚至因为没挣到钱或者新冠肺炎疫情等其他原因几年才回一次家。虽然父母外出务工可以提高家庭的经济收入和社会地位，并给予留守儿童物质上的关怀，但是缺乏长期陪伴导致留守儿童与父母之间的情感更加疏离。调查显示，留守儿童喜欢与外出务工的父亲和母亲聊天的比例并不高，分别是 47.45％ 和 53.34％[①]。此外，亲子之间缺少充分沟通也容易造成留守儿童对父母的情感认知偏离。据民政部一项对 1 342 名留守儿童的调查结果显示，有28.4％的留守儿童认同"挣钱比陪伴家人更重要"，有37.4％的留守儿童认同"别人的关心可以替代父母"这样的说法。由于父母不在身边，农村留守儿童在最需要父母关心的时刻往往因为得不到满足而感到孤独无助，并衍生出对父母的不满，有的甚至出现越轨行为或失范行为。

（三）留守儿童群体营养与健康状况堪忧

由于长期以来我国城乡经济社会发展不平衡，农村中小学生营养不良问题仍然存在，留守儿童群体尤为突出。研究表明，留守儿童身体健康指数在四个健康结构维度（身体健康、心理健

---

① 刘红升，靳小怡. 人口流动背景下农村留守儿童的亲子关系现状与群体差异——来自中西部两省三县中学生调查的发现［J］. 华东理工大学学报（社会科学版），2021（2）：52－70.

康、社会适应和道德健康）分类指标中处于最低水平①，且呈现营养不良低龄化和营养不均衡趋势。由于老人承担着照料和劳作的双重责任，且普遍年龄偏高，难以有时间和精力对农村留守儿童进行精心照顾。除了营养不良外，留守儿童也面临更多疾病的困扰。2020年，一项针对江西省877名留守儿童的健康调查显示，留守儿童超重肥胖的检出率为21.7%②。此外，留守儿童也比非留守儿童更容易患上如缺铁性贫血、龋齿、高程度佝偻病等疾病，留守儿童的感冒、咳嗽、呼吸道感染、腹泻等常见疾病发生率也明显高于非留守儿童③。

（四）留守儿童群体身心更易受到侵害

从心理健康方面来看，农村留守儿童长时间在缺乏父母关爱的环境中成长，会感到孤独和失落，缺少信任的倾诉对象也会使得农村留守儿童变得自我压抑和封闭。这些负面情绪的长期存在会对留守儿童的心理发展和性格养成造成负面影响。如果不能及时干预，还有可能导致留守儿童做出危害社会安全的越轨行为，进而成为"问题儿童"。从人身安全方面来看，农村留守儿童相较于非留守儿童也更容易受到伤害。研究表明，农村留守儿童伤害发生率显著高于非留守儿童，其中危害最大的是意外事故和安全风险，如交通安全事故、烟火爆炸、触电、游泳出事、受侵害等。农村留守儿童往往缺乏自我保护意识和自我保护能力，很容易做出危险的举动而不自知，甚至成为不法分子的侵害对象。

---

① 边慧敏，崔佳春，唐代盛. 中国欠发达地区农村留守儿童健康水平及其治理思考［J］. 社会科学研究，2018（2）：114-124.

② 沙冕，等. 留守儿童带养人类型与饮食行为对超重肥胖的影响［J］. 中国学校卫生，2020，41（11）：168-174.

③ 周晨，赵丽云，于冬梅. 中国留守儿童营养健康状况［J］. 卫生研究，2020，49（6）：1030-1033.

（五）留守儿童群体法治意识相对薄弱

父母陪伴的缺失和祖辈的溺爱，极大地影响了留守儿童法治意识的形成。一方面，一些留守儿童缺乏应有的法治教育，容易出现抢劫、偷盗，甚至危害他人生命的犯罪行为；另一方面，留守儿童缺乏保护自己的法治意识和能力，容易受到霸凌、拐骗等犯罪行为的侵害。据统计，我国各级法院判决生效的未成年人犯罪平均每年上升超过 10％左右，其中留守儿童犯罪约占未成年人犯罪的 70％。与此同时，由于留守儿童成长过程中教育、监护等不同程度缺失，自我防护意识和维权意识不足，侵害农村留守儿童的犯罪案件也时有发生。据最高人民检察院数据显示，2018 年 1 月至 2019 年 12 月，全国检察机关起诉涉及侵害农村留守儿童犯罪 4 258 件，涉及 5 412 人。如何预防留守儿童犯罪，以及防范遏制侵害留守儿童事件发生，已成为一项重要的研究课题。

四、政策建议

解决农村留守儿童的问题必须依靠政府、学校、村（社区）、社会组织、家庭等多方主体的共同努力，从服务体系建设、工作队伍培养以及引导社会力量参与、提供政策支持等多方面发力，进一步保障农村留守儿童权益，促进其健康成长。

（一）完善农村留守儿童关爱服务体系

各地要积极推进农村留守儿童关爱服务体系建设，将其纳入乡村振兴战略和新型城镇化战略的各项决策部署。要基于农村留守儿童的需求特点，分类开展关爱服务，形成综合服务和专项服务相结合的服务体系，不断提升留守儿童关爱服务的有效性。留守儿童的关爱服务要以多元主体为核心，建立政府、村（社区）、学校、社会组织、家庭等多元主体共治的留守儿童关爱服务体系。既要健全关爱留守儿童的法律政策体系，使关爱留守儿童工作有法可依、有法可循，又要从公共财政、公共教育服务、公共卫生服务等方面入手，为农村留守儿童的教育、健康、生活提供全方位支持。同时，要充分运用留守儿童信息管理系统，定时更新和补充信息，加强跨部门的信息共享，完善供需衔接机制，推动社会资源有效对接，实现对留守儿童的精准关爱、帮扶与保护。

（二）加强农村留守儿童关爱服务队伍建设

政府、社会、学校等各方主体应不断优化资源配置，加快构建留守儿童关爱帮扶队伍，对心理需要辅导、生活困难和学业成绩不佳的农村留守儿童进行针对性帮扶。具体来说，一是要抓住关爱体系建设的核心内容，加强农村寄宿制和中心学校建设，充分发挥学校在关爱留守儿童方面的基础性作用，不断丰富其内涵与外延，最大限度弥补留守儿童家庭教育和关爱不足的问题。二是壮大充实教师关爱服务队伍，强化乡村教师能力培训，提高乡村教师的专业素养，为留守儿童的健康成长护航。三是要积极发挥各级工会、共青团、妇联、残联、关工委等群团组织的优势，为农村留守儿童提供假期日间照料、课后辅导、心理疏导等关爱服务。四是注重培训培养本土人才并将其纳入社会工作范畴，构建一支长效关爱留守儿童的社工队伍，推进留守儿童关爱服务工作持续、深入开展。五是支持引导社会力量参与，增加"代理妈妈""儿童主任"等岗位建设，让留守儿童在校外也能感受到"家"的温暖。

（三）鼓励和引导社会力量广泛参与

当前，社会力量参与留守儿童关爱服务的程度不够广泛、儿童服务类社会组织成长发育不足，相关管理制度和激励机制有待完善，客观上影响并制约了农村留守儿童关爱服务向更深层次、更高质量发展。为应对这一问题，首先，要不断强化各类社会力量参与留守儿童关爱服务的意识，健全和完善社会力量参与留守儿童关爱服务的工作体系。其次，基层政府要建立留守儿童档案，对留守儿童的个人情况、家庭情况等信息进行详细记录和动态管理，为社会力量参与留守儿童关爱服务工作提供支持。此外，要加强社会组织培育孵化和管理，强化对儿童服务类社会工作服务机构、公益慈善组织和志愿服务组织的培育。要充分发挥市场机制作用，重点支持专业类社会组织开展农村留守儿童关爱服务工作，不断提高社会组织参与留守儿童关爱服务工作的专业化、精细化与精准化水平。

（四）为农民工家庭提供更多政策扶持

从城市端来看，要解决好农民工家庭及留守儿童的随迁落户问题，建立起学校、家庭、社会的关怀网络，促进农民工家庭更好地融入城市社区。输入地政府要进一步承担农民工子女义务教育的责任，将农民工子女义务教育纳入当地教育发展规划和教育经费预算。各级政府要为随迁留守儿童提供更多诸如户籍、入学、生活保障等方面的政策支持，有条件的地区要有农民工子女在城市入学教育的专项政策和投资。从农村端来看，鼓励企业探索和建立农民工回乡看望留守子女相关机制和福利措施，在时间上保证他们能有更多的假期和亲子相聚的机会；逐步加大返乡创业支持力度，完善农民工等人员返乡创业公共服务，吸引更多的农民工回乡创业。

（五）加强农村留守儿童法治意识培育

提升留守儿童的法治意识和加强农村留守儿童权益保护，是一项长期性、系统性工程。首先，要确保学校法治教育主体地位。发挥学校法治教育主阵地作用，为留守儿童构建良好的法治教育环境，通过生动活泼、形式多样的体验活动，帮助留守儿童养成知法守法、学法用法的法治素养。同时，家庭教育不可缺位，留守儿童的父母及其他监护人要主动积极作为，不断加强对留守儿童的法律知识教育。最后，政府有关部门要做好宣传引导，不断加强农村留守儿童保护法律法规和政策措施宣传工作，开展形式多样的宣传教育活动，强化政府主导、全民关爱农村留守儿童的责任意识和家庭自觉履行监护责任的法律意识。

专题三　农村留守老年人：现状、社会支持与展望

农村留守老年人是指赡养人持续 6 个月以上离开户籍地县域范围从事务工、经商或其他生产经营活动，留在农村生活，身边无赡养人或赡养人无赡养能力的农村老年人。伴随着我国工业化、城镇化、市场化进程的逐步推进，农村留守老年人问题日益显现。农村留守老年人问题是经济社会发展的阶段性问题，是城乡发展不均衡、公共服务不均等、社会保障不完善等问题的深刻反映。

党的十八大以来，以习近平同志为核心的党中央高度重视留守老年人关爱服务工作。党的十九大报告中强调，要"完善社会救助、社会福利、慈善事业、优抚安置等制度，健全农村留守儿童和妇女、老年人关爱服务体系"。各地区、各有关部门认真贯彻党中央、国务院决策部署，高度重视农村留守老年人关爱服务工作，大力推进农村养老服务体系建设，完善农村留守老年人关爱服务制度，农村留守老年人民生福祉不断改善，获得感、幸福感、安全感显著提升。

需要关注的是，随着城镇化的快速推进和农村老龄化程度的提高，农村家庭养老服务能力不断弱化，农村养老保障、服务设施和医疗条件相对薄弱，日常照料供给不足，相当数量的农村留守老年人面临经济支持不充分、医疗健康问题凸显、精神慰藉服务缺乏等诸多问题，农村留守老年人关爱服务体系建设依然任重道远。

一、农村留守老年人的现实境况[①]

（一）基本状况

1. 性别及年龄状况

从调查样本构成看，农村留守老年人平均年龄为 68.11 岁，60～69 岁、70～79 岁、80 岁及以上高龄留守老年人分别占 64.96％、28.85％、6.19％。从性别年龄分布来看，不同年龄组中男性留守老年人比例均高于女性留守老年人（表 2-1）。

表 2-1　留守老年人年龄性别分布状况

单位：%

年龄组（岁）	合计	男性	女性
60～64	34.77	52.68	47.32
65～69	30.19	60.07	39.93
70～74	18.38	61.57	38.43
75～79	10.47	61.41	38.59
80～84	4.78	54.41	45.59
85～89	0.95	55.56	44.44
90 以上	0.46	76.92	23.08

2. 婚姻状况

农村留守老年人有配偶、丧偶、离婚、同居（搭伴养老）的比

---

① 本报告对农村留守老年人的现实境况描述的有关数据，来源于"中国农村留守老年人调查数据"，属于民政部政策研究中心主持的农村留守、流动综合项目研究。本报告借鉴了其中部分变量的数据分析结果。该调查采取计算机辅助面访系统（CAPI），调查地点覆盖全国 29 个省、自治区、直辖市，采取多阶段分层随机抽样与立意抽样相结合的抽样方案，抽样方案具有良好的科学性和代表性。本报告对最终使用的数据进行整理分析，最终使用的留守老年人样本量为 2 845 人。

例分别为 74.38％、22.85％、1.04％、1.73％，七成以上留守老年人有配偶，两成留守老年人处于丧偶状态（表2－2）。

表2－2　留守老年人婚姻状况

单位:％

婚姻状况	百分比	累计百分比
有配偶	74.38	74.38
丧偶	22.85	97.23
离婚	1.04	98.27
同居（搭伴养老）	1.73	100.00

3. 教育状况

农村留守老年人不识字/略识字、小学、初中、高中及以上学历所占比例分别为 53.41％、30.30％、12.76％、3.53％。八成以上的农村留守老年人处于小学及以下学历，农村留守老年人教育水平普遍偏低（表2－3）。

表2－3　留守老年人受教育状况

单位:％

受教育状况	百分比	累计百分比
不识字/略识字	53.41	53.41
小学	30.30	83.71
初中	12.76	96.47
高中及以上	3.53	100.00

4. 居住状况

农村留守老年人自己单独居住、与老伴同住、与父母同住、与残障子女居住、与孙辈居住、与其他人居住的比例分别占 16.87％、52.29％、1.63％、1.30％、27.31％、0.60％（表2－4）。

表 2 - 4　留守老年人同住状况

单位：%

与谁同住	有效百分比
独居	16.87
老伴	52.29
父母	1.63
残障子女	1.30
孙辈	27.31
其他人	0.60
合计	100.00

5. 子女状况

子女是家庭养老的主要资源，农村留守老年人健在子女数量均值为 2.94 个，平均流动子女（包括收养子女、儿媳、女婿）数量为 4.49 个，最大流动子女数量为 18 个，最小流动子女数量为 1个。以上数据表明子女外出流动普遍，代际之间的居住分离使很多家庭成员照顾老年人面临现实困难（表 2 - 5）。

表 2 - 5　留守老年人健在子女和流动子女数量

单位：个

	健在子女数量	流动子女数量
平均值	2.94	4.49
最小值	1	1
最大值	10	18

（二）生活质量

1. 经济状况

经济状况主要包括经济收入来源、相对经济地位、经济压力及来源三个方面。从经济收入来源来看，农村留守老年人上年年收入均值为 10 798.68 元。农村留守老年人收入来源于"劳动收入""退休金""儿子的支持""女儿的支持""孙辈的支持""其他家人亲戚支持""土地流转收入"，占总收入比例分别为 32.14%、6.76%、35.13%、17.17%、0.96%、2.07%、5.77%（表 2-6）。以上数据表明，农村留守老年人的收入来源主要为自我支持（38.9%，包括老年人的劳动收入和养老金收入）和子女支持（52.3%）两大类。此外，随着年龄的增加，老年人接受儿子、女儿、孙辈的支持比例逐渐增高，而依靠劳动收入的比例逐渐降低。因此，农村留守老年人虽然以自我支持为主要生活来源，有一定的经济独立性。但是农村留守老年人，尤其是高龄留守老年人在经济上对子女的依赖性更强。

表 2-6 留守老年人经济收入来源

收　入	均值（元）	占总收入比（均值/%）	年龄组（岁）		
			60~69	70~79	80 以上
上年收入	10 798.68	—	—	—	—
劳动收入（包括土地上各项产出和其他劳动收入）	3 469.15	32.14	37.73	2.06	3.85
养老金	1 106.64	6.76	5.65	7.78	8.83
儿子的支持	4 241.46	35.13	32.04	35.99	38.03
女儿的支持	1 491.15	17.17	14.08	19.90	24.43
孙辈的支持	63.33	0.96	0.33	1.49	4.45
其他家人亲戚支持	175.54	2.07	1.98	1.73	3.14
土地流转收入	352.98	5.77	5.02	6.91	4.19

此外，留守老年人相对经济地位自评状况显示，农村留守老年人认为自己和配偶目前的经济状况在村庄中属于贫困的占

42.18%、中下的占 26.91%、中等的占 28.44%、中上的占 2.26%、上等的占 0.21%。近七成留守老年人自评经济地位为中等以下（表 2-7）。

表 2-7　老年人相对经济地位自评

单位：%

相对经济地位	百分比	累计百分比
贫困	42.18	42.18
中下	26.91	69.09
中等	28.44	97.53
中上	2.26	99.79
上等	0.21	100.00

在是否存在经济压力及来源方面，在 1 877 个农村留守老年人样本中，感到有经济压力的占 65.97%，主要包括"家庭债务""给子女建房/买房""子女婚嫁""自己（和老伴）看病""孙辈教育""人情往来"等经济压力。另外，最大经济压力来源为"自己（和老伴）看病"（表 2-8）。

表 2-8　留守老年人经济压力来源

单位：%

	面临压力	最大经济压力
家庭债务	24.70	7.17
给子女建房/买房	10.85	5.90
子女婚嫁	5.27	2.11
自己（和老伴）看病	78.99	58.22
孙辈抚育或教育	29.75	11.22
人情往来	36.97	5.01
其他	14.43	10.38

2. 健康状况

身体健康状况很大程度上决定了其对养老服务的需求，主要包括自评健康状况和慢性病患病状况两个方面。首先，在留守老年人自评健康状况方面，19.86％的农村留守老年人身体状况良好，能够生活自理的老年人占九成以上，但是既能劳动又能生活自理的老年人仅占五成，生活部分和完全不能自理的老年人约占5％。另外，随着年龄的增长，农村留守老年人的自理能力和生产劳动能力下降。虽然医疗卫生条件的改善提高了失能老年人的生活质量，然而失能老年人数量的持续增加使得农村留守老年人生活部分或完全不能自理的问题尤为突出，农村失能留守老年人对生活照料的需求十分紧迫（表2-9）。

表2-9　留守老年人自评健康状况

单位:％

身体健康	合计	年龄组（岁）		
		60～69	70～79	80 以上
良好，能正常生活劳动	19.86	23.54	13.40	11.36
有些疾病，但能劳动和生活自理	34.94	36.26	34.35	23.86
不能干重活，能生活自理	40.24	35.50	47.26	57.39
重度残疾，生活部分或完全不能自理	4.96	4.71	4.99	7.39
合　　计		64.95	28.86	6.19

此外，从慢性病患病情况来看，六成以上的农村留守老年人自报患有慢性疾病，自报没有患慢性病的农村留守老年人仅占约30％。随着年龄的增加，患慢性病留守老年人数量随之增加，因而，农村留守老年人对与慢性病相关的照料护理将有更大需求。

3. 自理能力

生活自理能力是衡量老年人身体状况的重要指标，也是观察老年人日常生活是否需要照顾的重要指标。从留守老年人的衣食住行及生病照料困难状况看，留守老年人在日常生活中做饭、洗衣、个人卫生、取水、获取燃料、搬重物、购物、出行、生病就医、生病照料护理等不同层面存在不同程度的困难（表2-10）。

表2-10 留守老年人日常生活困难程度

单位：%

	很大困难	有些困难	无困难
做饭	6.66	16.19	77.16
洗衣	7.56	14.32	78.13
个人卫生	4.82	9.39	85.79
取水	4.23	8.11	87.66
获取燃料	8.35	16.33	75.32
搬重物	43.38	29.79	29.84
购物	9.08	13.38	77.53
出行	11.62	15.57	72.82
生病就医	13.69	19.55	66.76
生病照料护理	17.27	24.62	58.11

在留守老年人衣食住行与生病照料困难获得帮助情况方面，五成左右的留守老年人在做饭、洗衣、个人卫生、取水、获取燃料、出行等方面完全得不到帮助，四成左右的留守老年人在购物、生病就医、生病照料护理等方面完全得不到帮助，三成的留守老年人在搬重物方面完全得不到帮助（表2-11）。

表2-11 留守老年人日常生活困难获得帮助情况

	次数	及时获得帮助（%）	偶尔缺少帮助（%）	完全得不到帮助（%）	不需要帮助（%）
做饭	650	23.84	13.31	51.08	11.76
洗衣	622	25.32	15.16	48.87	10.65
个人卫生	404	18.61	15.63	54.09	11.66
取水	351	24.64	21.49	45.27	8.60

（续）

	次数	及时获得帮助（%）	偶尔缺少帮助（%）	完全得不到帮助（%）	不需要帮助（%）
获取燃料	703	22.25	17.55	50.64	9.56
搬重物	2 082	36.98	23.59	31.82	7.61
购物	639	29.72	20.60	42.61	7.08
出行	774	19.95	22.39	45.30	12.36
生病就医	945	30.51	27.54	37.08	4.87
生病护理	1 191	32.55	27.27	36.91	3.27

调查数据表明，多数农村留守老年人需要不同程度日常生活照料或者帮助，甚至部分农村留守老年人在衣食住行及生病照料各个方面都存在困难。但是，现实中农村留守老年人相应照护服务需求满足程度有限，部分农村留守老年人生活照料、护理的需求十分紧迫。

4. 心理卫生

老年人的心理卫生直接影响着老年人的生活质量和健康水平。在心理感受方面，将近八成的留守老年人经常存在怕被偷的心理情绪，四成以上的留守老年人存在害怕和孤独的心理感受，农村留守老年人经常感到无人陪伴、被忽略或被孤立，担心、害怕、孤独感比较严重。老年人的心理感受与其健康有着密切关系。相对于身体健康较好的留守老年人，存在担心、害怕、孤独、想不开心理感受在自理能力较差的留守老年人群组中比例更高（表2-12）。

在心理安全方面，有三成以上的留守老年人担忧未来出现子女不提供经济支持的情况，一半以上的留守老年人担忧出现危急情况子女不在身边、无人照料、无子女送终情况。由于子女常年不在身边，多数留守老年人会有遇到风险情况而子女不在身边的心理担忧，表明农村留守老年人更容易处于心理不安全的状态（表2-13）。

表 2 - 12 留守老年人心理感受

单位:%

	个案百分比	有效百分比
被偷	79.49	42.02
害怕	41.99	22.20
孤独	46.92	24.80
想不开	20.75	10.97
合计	189.15	100.00

表 2 - 13 留守老年人心理安全

单位:%

	担忧	不担忧
子女不提供经济支持	33.37	66.63
突发疾病或遇到意外情况没有子女在身旁	56.42	43.58
需要他人照料时没人照料	50.90	49.10
临终时没有子女在身旁	51.67	48.33

5. 家庭情感支持

家庭养老在农村养老体系中居于主导地位。家庭成员尤其是子女对留守老年人的情感关怀和精神慰藉在留守老年人养老中具有不可替代的价值。从最近一次见面时间距离来看,子女与留守老年人平均见面时间为 5.75 个月。就最近一次联系时间距离来看,子女与留守老年人平均联系时间为 1.96 个月。数据表明,留守老年人与子女的情感交流不够充分,少量留守老年人难以与子女保持交流与沟通。

6. 社会参与

社会参与是老年人实现积极老龄化的重要途径。留守老年人经济性参与、社会性参与、政治性参与是体现留守老年人社会参与的重要方面。在经济性参与方面,约 5 成的留守老年人仍在从事工作或劳动（表 2 - 14）。对留守老年人就业情况的进一步分析发现,随着年龄的增加，就业留守老年人的比例不断降低。其次，在社区内参与组织或协会成为很多老年人社会性参与的重要途径。留守老年人参与各类组织/协会的占 12.34%（354 人），未参与的留守老年人占 87.66%（2 491 人）。在参与的各类协会中，比例最高的村委会、老年人协会也仅占 4.68%、3.78%，整体来看参与比例偏低。在政治性参与方面，大多数留守老年人参加过投票选举，但是仍然有三成以上的留守老年人表示未参与其中。

表 2-14　留守老年人就业情况

单位：%

从事劳动	合计	年龄组（岁）		
		60～69	70～79	80 以上
纯务农	48.32	55.34	40.44	9.66
兼业	4.64	6.47	1.22	1.14
非农业	0.55	0.76	0.24	0.00
只做家务	26.62	23.89	31.43	35.23
纯农业雇工	0.17	0.16	0.24	0.00
都做不了	19.69	13.38	26.43	53.98

7. 社会保障与服务

留守老年人新型农村合作医疗方面的参与率为 93.10%（2 649人），没有参加"新农合"的占 6.90%（196 人）。其他社会保障方面，如获得最低生活保障、高龄补贴、优抚安置补贴、老党员/退休干部补贴、计划生育奖励扶助金、失能老年人补贴、失地老年人补贴、其他养老保险、政府其他补贴或救助、来自村集体的分红和收益性质的收入的留守老年人所占比例分别为 15.01%、9.49%、2.85%、3.06%、3.80%、0.53%、1.58%、4.01%、48.89% 和2.46%。其中，接近五成的留守老年人享有政府其他补贴或救助（表 2-15）。

表 2-15　留守老年人其他社会保障情况

单位:%

其他社会保障	统计分布
最低生活保障	15.01
高龄补贴	9.49
优抚安置补贴	2.85
老党员、退休干部补贴	3.06
计划生育奖励扶助金	3.80
失能老年人补贴	0.53
失地老年人补贴	1.58
其他养老保险	4.01
政府其他补贴或救助	48.89
来自村集体的分红和收益性质的收入	2.46

社会服务方面,养老服务/设施是留守老年人享有社会服务的重要指标。调查结果显示,留守老年人村中有活动广场、活动中心、定期正规检查、健康知识培训、法律知识培训的比例分别占33.71%、24.80%、61.36%、10.27%、9.13%。使用各项养老服务/设施的比率分别为 14.94%、11.49%、49.14%、7.63%、6.15%。大部分村内服务/设施获得率不足五成,社会服务利用率亦不高(表 2-16)。

表 2-16　留守老年人社区内养老服务/设施状况

单位:%

服务内容	养老服务/设施	使用养老服务/设施
活动广场	33.71	14.94
活动中心	24.80	11.49
定期正规体检	61.36	49.14
健康知识培训	10.27	7.63
法律知识培训	9.13	6.15

注:此题为多选题。

8. 生活满意度

留守老年人调查数据显示，农村留守老年人的生活满意度中很满意、比较满意、一般、不太满意、很不满意的比例分别占26.68%、34.73%、28.80%、7.25%、2.53%。以上数据表明，大多数留守老年人对目前的生活感到满足与安心，约一成的留守老年人对生活不是很满意，处于消极状态。

9. 居住条件

居住条件主要是指留守老年人享有的物质环境，主要包括做饭燃料使用类型、拥有家用物品类型、饮用水来源三个方面。家庭燃料使用方面，大部分农村留守老年人家庭都会使用柴草等传统类型燃料，超过一半农村留守老年人家庭使用电作为主要燃料，柴草等燃料使用表明农村留守老年人能源消费和实际生活状况较差，新型能源利用率较低；家庭物品方面，电视、冰箱、洗衣机、手机/固定电话、电热水壶、电饭锅、电磁炉/微波炉、自行车、老年代步车/电动车、农用三轮车等各类家用物品所占比例分别为89.53%、68.01%、56.74%、87.14%、40.35%、73.07%、20.49%、26.45%、34.77%、13.45%，多数留守老年人家庭具备基本家用物品，基本可以满足日常生活；饮用水来源方面，自来水、井水为农村留守老年人家庭饮用水的主要来源，但仍有少数农村留守老年人使用雨水、河水、池塘水等。

10. 营养状况

营养状况的衡量主要集中在对农村留守老年人食用肉、鱼、蛋、豆、奶频率的分析等方面。两成左右的留守老年人很少吃/从不吃肉类、蛋类，接近四成的农村留守老年人很少吃/从不吃豆类，五成以上的农村留守老年人很少吃/从不吃鱼类，接近八成的农村留守老年人很少吃/从不吃奶类。调查数据表明，除身体原因外，农村留守老年人食用肉、鱼、蛋、豆、奶类频率过低，很有可能会影响营养均衡，进而影响晚年身体体质和身体健康（表2-17）。

表 2-17 农村留守老年人食用食物情况

单位:%

	食用频率				
	几乎每天	每周至少一次	每月至少一次	偶尔吃	很少吃/从不吃
肉	9.01	32.93	24.92	13.86	19.27
鱼	3.40	11.27	13.52	18.02	53.80
蛋	18.52	32.99	11.55	13.22	23.73
豆	7.80	22.29	15.53	15.29	39.10
奶	4.82	4.54	3.71	8.01	78.93

（三）主要困境

经济状况方面，农村留守老年人在经济上具有一定独立性，子女经济供养为重要生活来源，且子女经济供养对于高龄农村留守老年人更是第一位的生活来源。农村留守老年人对其在村中经济地位自评偏低。看病就医压力最大，是首要经济压力来源和可能的致贫风险。

生活状况方面，农村留守老年身体健康状况堪忧，自评健康状况差，慢性病患病率高。自理能力处于轻微失能或半失能状态，以及完全失能的农村留守老年人，总比例超过了八成。农村留守老年人照护服务帮助获得率低，农村留守老年人食用肉、鱼、蛋、豆、奶类频率过低，很有可能会影响农村留守老年人的营养均衡，进而影响身体体质和健康。农村留守老年人基本居住条件已满足，但仍有待进一步提升。

精神状况方面，农村留守老年人多存在担心、害怕、孤独、想不开的心理感受，健康状况一定程度上影响农村留守老年人的心理感受，部分脆弱农村留守老年人存在身体健康风险、心理健康风险叠加问题。农村留守老年人缺乏心理安全感，多存在担忧无子女养老送终等心理顾虑。子女与农村留守老年人的情感交流和情感慰藉不充分。农村留守老年人社会性参与率、政治参与率都不高。

总体上，根据对农村留守老年人生活质量的分析，可以从需求侧角度得出做好农村留守老年人关爱服务的两个重点：在服务对象方面，失能、慢性病、低收入、独居等四类农村留守老年人应成为关爱服务的重点对象；在服务领域方面，经济支持、生活照料、精神慰藉、看病就医应成为农村留守老年人关爱服务的重要领域。

二、农村留守老年人社会支持政策

（一）社会支持政策的起源与发展

农村面临人口快速外流和人口结构老龄化的双重影响，留守群体问题日益凸显，特别是农村留守老年人进一步增多、农村留守老年人关爱问题不断凸显，表现为传统的家庭养老保障弱化、医疗保障问题凸显、留守老年人照料人员缺失等。为解决农村留守老年人最迫切的养老问题，我国从 20 世纪 90 年代开始出台相关政策。比如，1992 年民政部公布实行《县级农村社会养老保险基本方案（试行）》；1995 年《国务院办公厅转发民政部关于进一步做好农村社会养老保险工作的意见的通知》，明确规定了开展农村社会养老保险的基本条件；1996 年我国颁布了《中华人民共和国老年人权益保障法》。2002 年《中共中央、国务院关于进一步加强农村卫生工作的决定》明确指出：要逐步建立以大病统筹为主的新型农村合作医疗制度。2005 年中国共产党十六届五中全会通过《十一五规划纲要建议》，提出在加大公共财政对农村公共事业投入的基础上，加强农村医疗卫生体系建设，建立和完善农村社会保障制度，以期实现农村幼有所教、老有所养、病有所医的愿望。2009 年，我国新型农村社会养老保险制度在全国一些地区开展试点工作。

（二）社会支持政策体系化建设

党的十八大以来，农村留守老年人关爱服务进入体系化建设时期。2013 年 11 月，党的十八届三中全会《关于全面深化改革若干重大问题的决定》指出，积极应对人口老龄化，加快建立社会养老服务体系和发展老年服务产业。健全农村留守儿童、妇女、老年人关爱服务体系。中央文件中首次提到"农村老年人关爱服务体系"。2013 年 12 月，中央农村工作会议指出："要重视农村'三留守'问题，搞好农村民生保障和改善工作，健全农村留守儿童、留守妇女、留守老年人关爱服务体系。""为农民建设幸福家园和美丽乡村。"2015 年 6 月，习近平总书记在贵州调研时作出"要关心留守儿童、留守老年人，完善工作机制和措施，加强管理和服务，让他们都能感受到社会主义大家庭的温暖"的重要指示。党的十八届五中全会提出要"建立健全农村留守儿童和妇女、老年人关爱服务体系。"2015 年 9 月，民政部相关部门提出，健全农村"三留守"人员关爱服务体系，重点发展农村社区养老服务，建立农村"三留守"人员动态信息库，提高对农村留守老年人的服务能力和水平。2017 年中央 1 号文件提出要"健全农村留守儿童和妇女、老年人、残疾人关爱服务体系。"2017 年国务院印发的《"十三五"国家老龄事业发展和养老服务建设规划》明确指出，要为留守老年人提供丰富多彩的关爱服务。

2017 年，党的十九大报告再次强调"健全农村留守儿童和妇女、老年人关爱服务体系"。2018 年 2 月民政部等 9 部门联合印发了《关于加强农村留守老年人关爱服务工作的意见》，针对目前农村留守老年人的养老问题，明确了健全养老设施、培育扶持农村老年协会、提高医疗服务体系、追究不赡养老年人的子女法律责任等 4 个新方向。2019 年，民政部专门针对贫困地区留守老年人关爱工作不平衡、服务不够精准有效等问题，出台了《关于进一步做好贫困地区农村留守老年人关爱服务工作的通知》。该文件指导各地精准聚焦重点对象，健全完善巡访措施，及时防范化解留守老年人各类风险隐患，探索有效管用的关爱服务模式，充分发挥敬老院、农村互助养老设施在农村养老服务体系中的重要作用，为农村留守老年人提供内容丰富、形式多样、符合需求的关爱服务，并进一步加大农村留守老年人动态信息管理系统建设力度。2020年11月，民政部召开"全国农村养老服务推进会议"，推广"党建＋农村养老"模式，进一步部署开展农村留守老年人关爱服务工作。

2020年12月，国务院办公厅印发《关于促进养老托育服务健康发展的意见》，从优化乡村养老设施布局、改善老年人助餐服务体系等方面，对推进城乡养老托育发展进行部署。2021年11月，《中共中央国务院关于加强新时代老龄工作的意见》印发，提出结合实施乡村振兴战略，加强农村养老服务机构和设施建设，鼓励以村级邻里互助点、农村幸福院为依托发展互助式养老服务。这些普惠性政策进一步完善了农村留守老人关爱服务制度。

（三）配套支持政策与工作实践

民政部作为农村社区建设的牵头部门，自2006年起指导各地开展农村社区建设实验试点工作，并将农村社区"三留守"人员关爱服务、农村社区养老服务作为试点工作的重要内容。一是加强政策指导。各地在制定农村社区建设政策文件或农村社区服务体系规划时，重点关注农村留守群体政策诉求和现实需求，重点提升农村社区留守群体服务能力。二是完善服务设施。积极完善农村社区服务网络，兴建了集管理、服务、教育、活动等功能于一体的农村社区综合服务设施，为农村留守老年人提供养老服务。浙江等地从2007年开始在农村建设"星光老年之家"。黑龙江等地积极推进农村居家养老服务，依托现有资源，建设专业化的老年人日间照料中心、居家养老服务站等村级养老服务设施，为农村老年人提供快捷方便的居家养老服务。三是提升农村社区工作人员专业素质。民政部依托福彩公益金实施西部城乡社区服务人才队伍能力建设项目，以社会工作专业技能培训为重点内容，对部分西部农村社区服务人员开展示范性专题培训，有效地提升了农村基层干部和农村社区工作者服务农村留守群体的意识和技能。四是推进农村互助养老。各地以建制村和较大自然村为单位，积极探索农村互助养老新模式。

总体上，农村留守老年人关爱服务政策体系已经形成并不断完善，居家社区机构相协调、医养康养相结合的基本养老服务基础架构已初步形成。

三、农村留守老年人关爱服务典型模式

（一）党委领导互助关爱服务模式

党委领导互助关爱服务模式是在村党组织领导下，村老年人协会、志愿者、邻里乡亲互帮互助的关爱服务模式，如四川省珙县"分散＋集中"山区互助养老模式。乡村老年人协会在村党委和村委会的支持下，结合山区群众互帮互助传统，以"四方协议"（巡访关爱老年人服务协议）为抓手，建立以低龄、健康老年人为主体的助老巡防队及相关工作制度、流程，调动社会力量开展了以居家助老巡访（安全排查、爱心陪伴和助老服务）为主要内容的有益探索。又如，湖北省竹溪县"N＋1"互助关爱模式，由乡民政干部领导，乡、村、组、志愿者、邻居加上党员中心户共同组成一个联合体，实行每个村、组由乡党委和政府班子成员挂帅，确保每个农村留守老年人都有乡民政所干部、村组干部、邻居和党员负责关爱服务。关爱服务的内容主要是了解身体状况、代办各类事项、代理家务等。再如，江西省推行党群连心、老人舒心、子女放心的"党建＋农村互助养老服务"三心工程，村党组织牵头建立并督促落实党员干部定期巡访、日常探视、结对帮扶留守老年人"三项制度"，全省 14.4 万余名农村党员干部就近就便、常态化关心关爱农村老人。通过党员带头示范，广大群众积极参与，尊老爱老在江西红土地蔚然成风。

关于党委领导互助关爱服务模式的特点，从分配基础维度看，优势在于对象识别重视公平性、对象与需求识别更加精准高效，不足在于没有明确界定标准、规范性相对较低；从供给类型维度看，其优势在于正式与非正式整合、服务内容具有较高参与性且制度稳定性较好，不足在于互助关爱服务专业性较低、关爱服务内容不全面；从输送策略维度看，其优势在于党委领导与组织监督优势、服务供给更加便捷高效，不足在于供给程序规范性欠佳、稳定性有待改进；从筹资渠道维度看，其优势在于基于互助的基层资源整合、正式非正式资源有机整合、内嵌于党委领导的基层社会治理，不足在于缺乏稳定可持续的资源支持。

（二）基层社会组织主导关爱服务模式

基层社会组织主导关爱模式是在基层社会组织、老年人协会、为老服务社会组织等主导的基础上，对村内志愿者进行培训指导，由志愿者为农村留守老年人提供部分或全部关爱服务的关爱服务模式。如陕西省泾阳县社会组织＋基层老年协会模式，针对失能及部分失能老年人的养老照料服务需求，建立以社区为平台、以社会组织为载体、以社会工作专业人才为支撑、以社区志愿者为补充的"四社联动"体系，动员和培育农村社区人员成为养老协管员，提升基层老年协会的专业性。又如，河北省平山县"妇老乡亲"关爱服务模式，通过政府指导、基金会资助支持和专业孵化机构管理，由农村妇女组织、农村老年人组织具体实施，整合农村资源开展服务农村老年人的养老关爱服务。

关于基层社会组织主导关爱模式，从分配基础维度看，其优势在于对象细分更加精准、需求识别精度较高，不足在于没有明确界定标准、权威性稳定性有待提升；从供给类型维度看，其优势在于非正式关爱服务、专业技能扩散、灵活性专业性程度较高，而其不足在于适应性稳定性有待提高；从输送策略维度看，其优势在于社会组织提供服务，志愿力量有效参与，可以更好实现四社联动，不足在于监督机制有待明确；从筹资渠道维度看，其优势在于正式非正式关系资源有机整合、资金来源多元化，不足在于缺乏稳定、持续资源支持。

（三）政府购买专业服务模式

政府购买专业服务模式是地方在关爱农村留守老年人过程中的重要创新。如江苏省泰州市通过政府购买服务的方式，以"互联网＋"养老关爱服务模式链接线上、线下以及服务企业、社会组织等各类养老服务资源，实施"孝心365""虚拟养老院"等项目，由城市向农村延伸养老关爱服务，开展农村留守老年人关爱服务。又如，湖南省茶陵县以政府购买社工服务方式，推动实施各类服务计划，提升老年协会服务能力，开展留守老年人结对帮扶，为老年人提供互助支持。

关于政府购买专业服务模式，从分配基础维度看，其优势在于对象识别公平规范、关注了特殊留守老年人需求，不足在于没有明确界定标准、动态需求回应不足；从供给类型维度看，其优势在于正式非正式结合、专业性更强，不足在于变动性需求供给及时性不足；从输送策略维度看，其优势在于政府补贴供给方、稳定性更高、政府支持项目连续性高，不足在于评估监督有待完善；从筹资渠道维度看，其优势在于资金来源有保障、专业机构链接资源，不足在于社会资本参与性不足。

（四）专业服务社区延伸模式

专业服务社区延伸模式主要是依托专业养老服务中心、老年公寓为农村留守老年人提供社区居家养老关爱服务。如安徽省安庆市，以引进知名机构、打造服务品牌、创新服务方式为着力点，通过注册成立民办非企业"贴心之家"养老服务中心，整区推进农村居家养老服务连锁经营，发展会员制，面向农村居家老年人开展"站点＋上门服务"。其中，政府发放建设运营补贴，减免场租费用。每个服务站植根乡土，从当地妇女中选聘站长，农村基层医疗资源可以得到有效整合。又如，安徽省阜阳市致力于探索"嵌入式"养老关爱服务，大力推进机构养老关爱项目建设，为农村留守老年人就近提供集中照护服务的社区养老服务设施，让留守老年人在不离开自己社区环境下，享受到养老关爱服务。

关于专业服务社区延伸模式，从分配基础维度看，其优势在于需求识别专业性较高，不足在于没有明确界定标准、公平性有待提高；从供给类型维度看，其优势在于公益性与市场结合、正式关爱服务规范专业、形式丰富且具有创新性，不足在于市场购买弱化部分公平性；从输送策略维度看，其优势在于在承担、提供和供给服务方面的效率较高，程序较为规范，不足在于监督评估方面有待改进；从筹资渠道维度看，其优势在于正式非正式资源有机结合、机构能力为支撑、市场资源为基础，不足在于公共资源投入有待加强。

四、农村留守老年人关爱服务存在的问题

（一）政策支持体系仍需进一步健全提升

农村社会养老保险保障水平有限。农村社会养老保险以"保基本、广覆盖、有弹性、可持续"为原则，为农村居民提供保障。城镇居民养老保险、农村居民养老保险合并之后，新的城乡居民养老保险保障水平相对有所提高，但现有的农村养老保险保障水平并不能保障农村老年人过上较为体面的生活。

医疗保障制度存在短板。城乡居民医疗保险为农村居民看病就医减轻了负担，但保障力度有限，特别是政策报销比例和实际报销比例存在差异，实际报销比例大概只有50%，包括老年人在内的农村居民看病仍然压力比较大。农村留守老年人是农村中的弱势群体，往往支付能力有限，而且由于子代外出打工，农村留守老年人缺乏足够的就医支持。

地方政府政策支持力度不够。我国农村留守老年人关爱服务体系建设以"自上而下外生型推动"为主，在很大程度上都离不开政府的政策推动和财政资金的支持。虽然中央和地方政府都制定了一系列支持社会养老服务发展的政策，但针对农村老年人养老服务体系建设政策支持不够充分，"真金白银"拿的较少，不同部门政策在落地过程中也面临执行难问题。此外，除了公办养老机构外，农村大多数小型社会养老服务机构很难获取政策范围内的土地、金融、资金、税收等优惠政策支持。

（二）养老服务供给内容较为单一

随着人民群众生活水平的普遍提高，老年人的需求也越来越多元。除了基本的吃住用需求外，在生活照料、情感慰藉、自由尊严等方面也有了越来越高的养老服务需求。农村留守老年人的关爱服务是一个综合体系，包括物质提供、生活支持、心理满足、精神慰藉、医疗服务及养老服务多个方面。但农村现有养老服务供给内容单一，服务对象范围较窄，服务项目较少，难以满足留守老年人多方面的需求。尤其是一些地方政府提供的关爱服务过于简单化，往往重视敬老院、日间照料中心等硬件设施建设，而对于老年人日常照料专业化标准、精神慰藉和心理干预等软件建设重视不足。

（三）多元主体协同关爱力度不够

农村留守老年人关爱服务体系的构建需要个人、家庭、政府和社会等多方主体积极参与，共同发挥作用。然而，当前我国农村留守老年人关爱主体的融合发展不足，政府关爱的支持力度比较薄弱，社会参与关爱力量较少，老年人之间关爱互助少，全方位的社会支持关爱留守老年人服务体系有待完善。农村社会养老服务的发展更多地依赖于单一主体的力量，多元主体参与和支持欠缺，尤其是民间社会力量的参与支持仍然处于较低水平，亟需调动社会组织、企业、社会力量共同参与关爱服务。

五、政策建议

（一）加大农村留守老年人养老服务保障力度

推进农村养老服务体系建设，加快建设居家社区机构相协调、医养康养相结合的养老服务体系，是做好农村留守老年人关爱服务的重要支撑。2021年中央1号文件明确提出，"健全县乡村衔接的三级养老服务网络，推动村级幸福院、日间照料中心等养老服务设施建设，发展农村普惠型养老服务和互助性养老"，从政策上进一步加强对农村养老服务的支持。要健全以县级失能照护机构、乡镇综合性养老机构为中心，村级互助养老服务设施相衔接的县乡村三级农村养老服务网络，逐步建立健全失能照护服务体系，统筹农村医疗卫生和养老服务资源布局，为农村老年人提供综合性服务。坚持在发展中保障和改善养老服务，增强家庭养老能力，继续用好高龄津贴、护理补贴、服务补贴制度，探索多层次长期照护保障制度，夯实农村老年人经济基础。同时，要针对农村留守老年人的特点，强化农村老年人社会支持体系，健全农村基层治理体系，充分发挥党员、"新乡贤"等在调动整合资源上的积极作用，引导和鼓励社会组织、慈善和志愿服务力量支持发展农村养老服务。

（二）发挥村两委在留守老年人关爱服务中的积极作用

从各地的探索实践看，村级组织是农村留守老年人关爱服务的重要依托。要进一步做强农村基层组织建设，充分发挥农村基层组织对留守老年人关爱服务的基础性作用。一是建立健全基层农村留守老年人关爱服务工作机制。建立基层党组织、村干部对留守老年人定期巡访和帮扶机制，充分调动村两委干部和农村党员团员在关爱服务中起模范带头作用，组织邻里乡亲、村民小组和老年组织等以电话问候、上门访问等方式定期探访，及时了解农村留守老年人生活情况，重点帮扶有安全风险和生活困难的农村留守老年人。二是进一步明确服务内容清单、完善服务内容，以实现老年人生理、心理健康为目标，为农村留守老年人提供基本物质帮扶、日常生活照料、心理疏导与慰藉、医疗卫生、康复护理等全面的关爱、支持与服务。尤其是加强留守老年人的心理疏导，满足老年人精神需求，缓释留守老年人的孤独、寂寞和焦虑心理情绪。三是建立村组织、留守老年人及赡养人沟通机制，做好辖区内农村留守老年人基本信息摸查，向赡养人反馈老年人的基本状况，督促其子女和其他家庭成员履行赡养义务。依托村级组织发展上门服务和托老服务，倡导、组织、协调乡村邻里互助和志愿者服务。四是加强乡村道德建设，推动将留守老年人关爱服务纳入村规民约，厚植养老、孝老、敬老的文化传统，引导成年子女履行赡养义务和承担照料责任。

（三）增强农村留守老年人关爱供给能力

加大农村日间照料中心等养老服务设施建设力度，拓宽其服务领域，支持老年服务机构提供各类上门服务，探索农村日间照料中心对年迈体弱留守老年人的集中全托供养方式。完善农村居家养老服务网络，充分利用闲置的农家大院、废弃的行政村办公用房和学校用房等，发展符合乡情民意的多种形式农村互助养老服务。健全农村养老服务机构设施、居家养老居所适老化改造，使老年人居有所安、居有所享。对农村留守老年人生活的住宅，提倡由赡养人对住宅进行适应留守老年人单独长期生活的适老化改造，或者在征得赡养人意见并且得到赡养人的同意和支持下，由村组织协助改造。

（四）广泛吸纳社会力量参与农村留守老年人关爱服务

加大政策和资金支持，促进社会组织、社会工作、慈善和志愿服务等基层社会主体多元参与，广泛开展农村留守老年人关爱服务。培育、规范和引导社会组织开展农村留守老年人关爱服务事业，激活和撬动社会资源。通过设立社会工作站点、政府购买服务等方式推动社会工作专业力量参与留守老年人关爱服务，扩大社会工作专业力量规模、提升社会工作力量的专业水平，大力推动老年社会工作专业人才队伍。培育为老志愿组织，建立志愿者组织对留守老年人的结对帮扶机制，发挥志愿组织的扶老、助老功能。

附录：中共中央、国务院及有关部门 2020 年发布的涉及农村社会 事业政策文件名录

中共中央、国务院

《关于抓好"三农"领域重点工作确保如期实现全面小康的意见》

中共中央

《关于制定国民经济和社会发展第十四个五年规划和二〇三五年远景目标的建议》

国务院

《关于深入开展爱国卫生运动的意见》（国发〔2020〕15 号）

国务院办公厅

《关于推广第三批支持创新相关改革举措》（国办发〔2020〕3 号）

《关于促进养老托育服务健康发展的意见》（国办发〔2020〕52 号）

国务院扶贫开发领导小组

《关于建立防止返贫监测和帮扶机制的指导意见》（国开发〔2020〕6 号）

国家发展改革委员会等部门

《关于推动返乡入乡创业高质量发展的意见》（发改就业〔2020〕104 号）

《关于促进消费扩容提质加快形成强大国内市场的实施意见》（发改就业〔2020〕293 号）

《2020 年新型城镇化建设和城乡融合发展重点任务》（发改规划〔2020〕532 号）

《关于推进"上云用数赋智"行动 培育新经济发展实施方案》（发改高技〔2020〕552 号）

《关于做好 2020 年能源安全保障工作的指导意见》（发改运行〔2020〕900 号）

《关于村庄建设项目施行简易审批的指导意见》（发改农经〔2020〕1337 号）

《关于在农业农村基础设施建设领域积极推广以工代赈方式的意见》（发改振兴〔2020〕1675 号）

教育部等部门

《关于加强"三个课堂"应用的指导意见》（教科技〔2020〕3 号）

《关于加强新时代乡村教师队伍建设的意见》（教师〔2020〕5 号）

《关于进一步加强控辍保学工作健全义务教育有保障长效机制的若干意见》（教基〔2020〕5 号）

《关于做好 2021 届全国普通高校毕业生就业创业工作的通知》（教学〔2020〕5 号）

《职业教育提质培优行动计划（2020—2023 年）》（教职成〔2020〕7 号）

民政部等部门

《关于进一步做好困难群众基本生活保障工作的通知》（民发〔2020〕69 号）

《关于加快推进老年人居家适老化改造工程的指导意见》（民发〔2020〕86 号）

财政部等部门

《关于下达 2020 年中央财政农村危房改造补助资金预算的通

知》（财社〔2020〕59号）

人力资源社会保障部等部门

《关于实施职业技能提升行动"互联网＋职业技能培训计划"的通知》（人社部发〔2020〕10号）

《关于扩大失业保险保障范围的通知》（人社部发〔2020〕40号）

《关于进一步做好就业扶贫工作的通知》（人社部发〔2020〕48号）

《关于进一步加强贫困家庭高校毕业生就业帮扶工作的通知》（人社部函〔2020〕75号）

自然资源部等部门

《关于农村乱占耕地建房"八不准"的通知》（自然资发〔2020〕127号）

《关于保障农村村民住宅建设合理用地的通知》（自然资发〔2020〕128号）

交通运输部

《关于全面做好农村公路"路长制"工作的通知》（交公路发〔2020〕111号）

农业农村部等部门

《关于落实党中央、国务院2020年农业农村重点工作部署的实施意见》（农发〔2020〕1号）

《关于深入实施农村创新创业带头人培育行动的意见》（农产发〔2020〕3号）

文化和旅游部等部门

《于推动数字文化产业高质量发展的意见》（文旅产业发〔2020〕78号）

《关于深化"互联网＋旅游"推动旅游业高质量发展的意见》（文旅资源发〔2020〕81号）

国家卫生和健康委员会等部门

《关于做好 2020 年基本公共卫生服务项目工作的通知》（国卫基层发〔2020〕9 号）

中国残疾人联合会等部门

《关于扎实做好疫情防控常态化背景下残疾人基本民生保障工作的指导意见》（残联发〔2020〕17 号）

国家医疗保障局等部门

《关于做好 2020 年城乡居民基本医疗保障工作的通知》（医保发〔2020〕24 号）